Klaus Ottomeyer

Die Haider-Show

Zur Psychopolitik der FPÖ

Drava Verlag

Die Deutsche Bibliothek – CIP-Einheitsaufnahme

Ottomeyer, Klaus:

Die Haider-Show : zur Psychopolitik der FPÖ / Klaus Ottomeyer. –

Klagenfurt : Drava-Verl., 2000

ISBN 3-85435-337-5

Satz und Druck: Druckerei Drava

2. Auflage Juli 2000

Klagenfurt/Celovec

Umschlaggestaltung unter Verwendung einer Grafik des Autors

www.slo.at/drava

ISBN 3-85435-337-5

Inhalt

Einführung ... 7

1. Robin Hood in Österreich ... 10

2. Der männliche Sportler
und die Erotisierung der Politik ... 19

3. Der Bierzelt-Sozialist und die symbolische
Überwindung der Klassengesellschaft ... 51

4. Der das Erbe antritt – die stabile Identifizierung
mit der »Kriegsgeneration« ... 61

5. Folgenloses Dementi und Lügen,
bis sich die Balken biegen ... 74

6. Rassistische Diskriminierung:
Von »Buschnegern« und
»zukünftigen Mördern unserer Kinder« ... 79

7. Kolig-Affäre und Kinderschänder-Kampagne –
Der Missbrauch des Missbrauchs ... 94

8. Doch ein Gewissen? ... 109

9. Wann hat der Spuk ein Ende? ... 114

Literaturverzeichnis ... 121
Abbildungsverzeichnis ... 125
Zum Autor ... 127

Einführung

In den Wochen, in denen ich diese Schrift verfasse, im Februar und März 2000, wollen Journalisten und demokratisch engagierte Leute aus ganz Europa wissen, wie es möglich war, dass eine deutlich rechtsextrem eingefärbte Partei wie die FPÖ unter ihrem Vorsitzenden Jörg Haider in Österreich so erfolgreich wurde. Die Antworten sind nicht so schwierig, wie es auf den ersten Blick aussieht. Es sind weniger die rational nachvollziehbaren Faktoren, etwa eine Bedrohung durch Arbeitslosigkeit oder Verarmung, welche die Faszination oder Duldung gegenüber dem Haider-Phänomen bewirkt haben (noch geht es den Österreichern ökonomisch recht gut). Und es ist nicht nur die tatsächlich unzureichende Aufarbeitung des Nationalsozialismus, welche den Aufstieg des umstrittenen Polit-Stars ermöglichte. Sondern es sind auch psychische Faktoren am Werk, die auf tiefen Sehnsüchten und Ängsten beruhen, die von einer entfremdeten und immer noch ziemlich autoritären, freilich auch »postmodernen« und konsumistischen Gesellschaft hervorgebracht werden. Neben seiner rechtsextremen Identifizierung, welche Teil eines nie zurückgewiesenen Familienerbes ist (vgl. Kapitel 4), bringt Haider mit einem großen Gespür für das Unbewusste der Menschen und mit schauspielerischer Eleganz mindestens drei Teilfiguren auf die Bühne, auf welche viele in Österreich – vielleicht aber auch woanders – schon lange gewartet haben. Die erste Teilfigur ist ein Robin Hood, der verspricht, den Reichen und Mächtigen, z. B. den Nutznießern des österreichischen Proporzsystems, das Geld wegzunehmen und sie ordentlich zu erschrecken, während die Armen etwas bekommen. Die zweite Teilfigur ist ein männlicher Sportler, der eine gewisse Ähnlichkeit mit Sylvester Stallone aufweist und welcher bei Männern wie Frauen eine Art verliebter Begeisterung auslöst, die verblenden kann. Die dritte Teilfigur ist der

»Bierzelt-Sozialist«. Die Bezeichnung ist nicht unfair – Haider hat tatsächlich die Bierzelte in den Wahlkampf eingeführt. Diese Figur, der man auf die Schultern klopfen und die man im Duz-Ton »Jörgl« nennen kann, gibt den Menschen das illusionäre Gefühl, dass die Klassengesellschaft in diesem Moment oder vielleicht demnächst überhaupt überwunden ist. Die drei genannten Figuren verdecken für viele Anhänger, Wähler und Dulder den rechtsextremen Teil, der, wie ich nachweisen werde, eine gefährliche Realität im Hintergrund ist. Allerdings gehört zu dieser rechtsextremen Figur wie auch zu den anderen Inszenierungen eine Verfolgungsbereitschaft gegenüber Ausländern, Intellektuellen und »Sozialschmarotzern«, die fast die Züge einer Sucht hat. Sie ist die Kehrseite der Selbstbeweihräucherung und trügerischen Vergemeinschaftung, welche der Robin Hood, der sportliche Star, der Bierzeltsozialist und der »Vergangenheitsbewältiger« jeder auf seine Art dem Publikum anbieten. Dunkle Schattenfiguren werden dringend benötigt. Dazu gehören seit etwa zwei Jahren auch die »Kinderschänder«. Kindesmissbrauch ist ein großes und reales Problem. Wenn man wahllos politische Gegner (wie z. B. den Kärntner Künstler Cornelius Kolig oder kürzlich auch die neugewählte belgische Regierung) in das aufgestellte politische Tintenfass des Kinderschändervorwurfs steckt und sich selbst zum hervorragenden Kinderschützer stilisiert (»Einer der unsere Kinder schützt«) ist das ein Missbrauch des Missbrauchs.

Zum Gesamtbild der Inszenierungen gehört auch noch die Nebelwand von »folgenlosen Dementis« (Franz Januschek) oder auch Lügen, die dem Publikum aufgetischt werden, wenn das Bösartige, Verfolgende, welches vor allem aus der rechtsextremen Hintergrund-Figur kommt, allzu sichtbar geworden ist. Nur allzu gerne lässt man sich dann wieder von einer der populistischen Unterhaltungsdarbietungen im Vordergrund ablenken. Das Kurzzeitgedächtnis erspart die Zivilcourage.

Auf Grund von Untersuchungen, die in den letzten Jahren gemacht wurden (Menschik-Bendele, Ottomeyer u. a., Sozialpsychologie des Rechtsextremismus, 1998), kann man vermuten oder hoffen, dass nur etwa ein Drittel der Haider-Wähler ihre Entscheidung auf Grund eigener rechtsextremer Identifizierungen getroffen haben. Bei etwa zwei Dritteln dürfte eher die Faszination durch die drei vordergründigen Inszenierungen wichtig gewesen sein.

Das vorliegende Buch ist kein Psychogramm von Jörg Haider. Die Person von Haider interessiert mich dabei nur sekundär, d. h. nur soweit, als es zum Verständnis der öffentlichen Inszenierungen, der im Publikum hervorgerufenen Gefühle, unbedingt notwendig ist.

Die Untersuchung beruht auf aktuellem Material, aber auch auf Thesen, die aus dem Buch »Jörg Haider und sein Publikum« stammen, das ich 1992 gemeinsam mit meinen Kollegen Hannes Krall und Harald Goldmann im Drava Verlag publiziert habe. Es war ein zweifelhaftes Gefühl des Triumphes, in den letzten Monaten zu erleben, dass sich Haider und seine Partei in vielem gewissermaßen »lehrbuchgemäß« verhalten haben und dass wir mit unserer Einschätzung der Verführungskraft und Bösartigkeit hinter den unterhaltsamen Haider-Inszenierungen nicht daneben gelegen waren. Das ältere Buch ist zum Nachlesen noch interessant und auch dann, wenn man Genaueres über die »szenischen Methoden« einer psychoanalytischen Sozialpsychologie wissen will, wie ich sie anwende.

Das auf dem Umschlag abgedruckte und beigefügte Tableau zeigt die verschiedenen Spielfiguren und Skripten in der Haider-Inszenierung und ihre innere Verbindung auf. Da uns die Teilskripten im politischen und medialen Alltag in einem so verwirrenden und schnellen Wechsel angeboten werden, dass man oft kaum noch etwas versteht, mag der Überblick dazu verhelfen, die Logik und Banalität der einzelnen Elemente deutlicher zu sehen und sich von ihnen weniger überraschen zu lassen.

1. Robin Hood in Österreich

Robin Hood hat in Österreich natürlich alle Hände voll zu tun. Das Nachkriegsösterreich hatte noch viele Züge eines Feudalismus und eines Stände-Staates. Den viel geschmähten schwarz-roten Proporz gab und gibt es tatsächlich. Die Einflussmöglichkeiten in den staatlichen und halbstaatlichen Organisationen sind jahrzehntelang unter den Vertretern der beiden großen Parteien, der SPÖ und der ÖVP, aufgeteilt worden, obwohl der Ehrlichkeit halber gesagt werden muss, dass sich auch die Vertreter der FPÖ einen gewissen Kuchenanteil und Machtpositionen gesichert haben. Regionale und institutionelle Fürstentümer konnten sich entwickeln. Die Pflege von Beziehungen, ein »Glaserl-Wein-Trinken« mit dem richtigen Mann zur rechten Zeit, das richtige Parteibuch in der Tasche, von Geschenken und materiellen Zuwendungen an die Mächtigen ganz zu schweigen, waren in weiten Bereichen zur Durchsetzung von politischen Zielen und gesellschaftlichen Veränderungen wichtiger als demokratische Entscheidungsfindung und fachliches Argumentieren.

Das Gesundheitssystem im Bundesland Kärnten beispielsweise war Mitte der 80er Jahre unter der Herrschaft des sozialistischen Landesfürsten Leopold Wagner und eines ebenfalls sozialistischen Sozial- und Gesundheitsreferenten völlig in Machtbereiche aufgeteilt und unbeweglich. In der Psychiatrie hatten die großen Parteien allerdings unter Rücksichtnahme auf lokale Machtverhältnisse einem ehemaligen SA-Mann und »Erbbiologen«, dem Primarius Otto Scrinzi, weitgehend freie Hand gelassen. Er war lange Jahre FPÖ-Abgeordneter zum Nationalrat, fiel immer wieder durch seinen Rechtsextremismus auf und war zumindest zeitweise ein Freund und Förderer des jungen Haider. Der schwarz-rote Filz, von dem alle sprachen, war überall auch von braunen Fäden verstärkt. Man hatte sich arrangiert, und es konnte Leuten, die Reformen, zum Beispiel Bewegung im Gesundheitswesen, wollten, auch »Linken« und »Liberalen«, durchaus passieren, sich plötzlich im Bündnis mit FPÖ-Politikern in Aufbruchstimmung wiederzufinden.

Viele Angestellte und Stellensuchende hatten die Macht von parteiloyalen »Betriebsratskaisern« so massiv kennen gelernt, dass eine Haider-Parole wie »Wir deportieren jeden Bonzen!« auf fruchtbaren Boden fallen konnte. Beliebtes Thema waren auch die Schulleiter-Bestellungen, bei denen jeder wusste, dass sie der Parteibuchlogik folgten. Wer wann was wurde, das wurde hinter verschlossenen Türen ausgehandelt. Haider konnte mit seiner Forderung nach »Objektivierung« bei den Postenvergaben punkten. Nachdem er 1989 Kärntner Landeshauptmann geworden war, führte er ein nicht besonders wirksames »Objektivierungsmodell« für alle Bewerbungen im öffentlichen Dienst, bis hinunter zum Reinigungspersonal, ein. Eine weitere Maßnahme, die er in seiner kurzen Zeit als Landeshauptmann in Kärnten setzte, war die Abschaffung der Hofratstitel. Diese Hofratstitel waren, wie viele andere österreichische Titel auch, mit denen sich die Oberschicht schmückt, ein feudales Relikt. Zumindest auf der Ebene der Symbole und der Sprache wurde der Feudalismus abgeschafft.

Haider selbst hat sich gelegentlich als »Robin Hood Österreichs« bezeichnet. Ein Robin Hood trägt natürlich möglichst nicht die höfische Kleidung, Anzug und Krawatte, wie die bekämpften Repräsentanten der Macht. Er bevorzugt offene Krägen, wo immer es geht, Lederjacken und ein sportlich-kämpferisches Outfit. Der Sozialrebell darf heutzutage auf der ästhetischen Ebene durchaus linke Elemente und Erinnerungen an die Studentenbewegung vorführen. Die verschiedenen Sheriffs von Nottingham, die Hofschranzen und korrupten Familien sollten zittern. Im Jahr 1990 hörte sich das beispielsweise so an:

»Ich würde die Kammern nicht auflösen, sondern die Zwangsmitgliedschaft aufheben. Das ORF-Monopol fällt sicher auch ohne die FPÖ. Noch sicherer – und schneller – aber mit der FPÖ. Und das Sozialversicherungssystem würde komplett zertrümmert. Die Funktionärsschichten würden radikal abgetragen, die Anstalten total modernisiert, die 28 Tintenburgen zusammengelegt, das korrupte Interventionssystem vor allem bei Frühpensionen abgeschafft und die Schlagkraft erhöht. Ganze Familienclans, die sich jetzt, wie wir aus Berichten des Rechnungshofes wissen, über mehrere Generationen hinaus ins warme Nest der parteipolitisch verfilzten Sozialversicherungen eingenistet haben, müssten sich neue Jobs suchen.« (Haider, im »Profil«, 6. 8. 1990)

Kärnten schien vorübergehend zu einer Art Sherwood Forest zu werden, von dem aus endlich die verdiente Treibjagd gegen die Reichen und Mächtigen starten würde (Abb. 1 und 2). Haider kündigte an, er werde »die Altparteien vor sich hertreiben«. Und: »Keine Schonzeit für Rot- und Schwarzwild!« Zur Jagdstimmung traten Abschussfantasien, Bilder vom Kampf gegen die Mafia wurden mobilisiert. Der im Wiener Wahlkampf zu Beginn der 90er ausgegebene Slogan »Wien darf nicht Chicago werden!« drang sogar bis nach Amerika und hatte einen Einspruch des Bürgermeisters von Chicago zur Folge.

Aufsehen erregte es, dass der »Lucona-Aufdecker«, der Journalist Pretterebner, für Haider arbeitete. Er hatte den Versicherungsbetrug und Mordfall aufgedeckt, in den neben Udo Proksch eine ganze Reihe prominenter Österreicher verwickelt war.

»Allein gegen die Mafia« und Elemente einer Django-Inszenierung (»Gott vergibt, Django nie«) – das ist etwas, was die im Alltag gedemütigten und ausgebeuteten Menschen abends im Fernsehen besonders gern sehen und was auch auf der politischen Bühne Aufmerksamkeit und Beifall bringt. Man muss zugeben, dass die Haider-FPÖ eine ganze

Abb. 1

Reihe realer Missstände aufgedeckt und zum Korruptionsabbau in den staatlichen und halbstaatlichen Organisationen beigetragen hat. Aber in vielen Fällen war die Taktik des »Abschusses« menschenverachtend. Es sind durch die Taktik des öffentlichen Abschusses Fehlinformationen über Menschen verbreitet worden, die geeignet waren, deren Ruf und Existenz zu vernichten. Haider nahm das in Kauf, ebenso wie die zahlreichen Gerichtsprozesse, die er wegen der Verbreitung von Unwahrheiten verlor. Ein Opfer ist auch der Finanzrechtler Walter Doralt, der wegen offensichtlich ehrenrühriger Behauptungen sieben Jahre lang gegen Haider prozessierte und dann doch aufgeben musste. Auch eine Art Spitzelwesen, das den Informanten aus Bevölkerung und Polizeibehörden Anonymität zusicherte, konnte entstehen. Um einige reale Fakten von Ungerechtigkeit und Missständen herum entwickelte sich ein Gespinst von Verfolgung und »Schimpfklatsch«, das vor allem das Rachebedürfnis und den Voyeurismus der Angepassten und Zu-kurz-Gekommenen befriedigte. Einen ähnlichen Missbrauch von Voyeurismus und Verfolgungsbereitschaft in manchen Teilen des Publikums konnte man in den letzten Jahren auch beim Thema Ausländer beobachten. Eine bemerkenswerte Vermischung der Dehumanisierung des politischen Gegners mit einem geschmacklosen Rassismus zeigt bereits eine Äußerung aus dem Jahr 1990:

»Nicht die Freiheitlichen sind die Schädlinge der Demokratie. Wir sind das Schädlingsbekämpfungsmittel. Bei uns regieren die Rothäute und die Schwarzen – und nicht wie üblich, dass sie in den Reservaten leben.« (Die Presse, 10. 9. 1990)

Es ist also kein sehr edler Robin Hood, der hier unterwegs ist. Die versprochene (auch im Jahr 2000 noch nirgends realisierte) Umverteilung von Geld und Macht von den Reichen hin zu den Armen, z. B. mit Hilfe des »Kinderschecks«, zu den kinderreichen Familien, ist zwar ein schönes Skript für einen Film, in dem mit Hilfe des mutigen Helden die Guten über die Bösen siegen. Aber dass der Robin-Hood-Darsteller auch jede Menge Unschuldige und Schwache, wie zum Beispiel Ausländer und Flüchtlinge, die zu geldgierigen Ausbeutern deklariert werden, in die Reihe der Schuldigen einordnet, wird übersehen. Zynismus und Schadenfreude, die bei genauerem Hinsehen im Gesicht des Helden erkennbar sind, vertragen sich eigentlich nicht mit dem Bild vom »edlen Rächer«. Zu viel im Alltag verdrängter Sadismus, zu viel Lust an der Zerstörung von Gegnern sind wahrscheinlich schon an Haider delegiert worden. Diese Gefühle sehen wir auch nicht gerne an uns selbst.

Der Populismus folgt wahrscheinlich fast überall auf der Welt einem Robin-Hood-Skript. Manchmal heißt die Heldenfigur anders, in Mexiko ist es zum Beispiel die Figur »Zapata«, die die gedemütigten und ausgebeuteten Bauern in den Kampf gegen Grundbesitz und Kapital führt. Die populistischen Führer und ihre Epigonen neigen zu einer extremen Personalisierung der Politik, die wahrscheinlich mit der Kurzsichtigkeit der menschlichen Racheimpulse und mit der Blindheit in der Begeisterung für den Helden zu tun hat. Es werden einzelne repräsentative Ausbeuterfiguren ab-

Abb. 2

geschossen, verspottet, manchmal hingerichtet. Das lässt die eher unsichtbar weiterwirkende »strukturelle Gewalt«, z. B. das Weiterwirken der nationalen und internationalen Kapitalherrschaft, vergessen. Wirkliche Reform- und Befreiungsprozesse sind viel komplizierter.

Normalerweise ist der Übergang von der Rebellion zur Regierungsmacht die Nagelprobe für die Glaubhaftigkeit der Robin-Hood-Inszenierung. Haider hat aber derzeit trotz der Regierungsbeteiligung der FPÖ gute Chancen, weiterhin den Rächer der Enterbten zu spielen. Wenn er Landeshauptmann in Kärnten bleibt, fungiert dieses Bundesland als eine noch im Befreiungskampf befindliche Rebellenzone, als Sherwood Forest. Wenn hier etwas schief geht, liegt das natürlich daran, dass die Behinderung aus Wien kommt. Der versprochene Kinderscheck ist eigentlich schon realisiert – die Babys auf den Plakaten können schon »Danke Jörg!« rufen – aber noch wird er von den anderen verhindert. Wenn in Wien etwas schief geht, liegt es daran, dass man es noch nicht so macht, wie es der Zurufer und Rebell aus Klagenfurt für richtig hält. Der formale Rücktritt vom FPÖ-Vorsitz im Frühjahr 2000 begünstigt noch die Perpetuierung des Rebellen-Images in Bezug auf die Bundespolitik.

Auch die aktuellen Schwierigkeiten Österreichs mit Europa sind schon im Sinne einer populistischen Verschwörungstheorie gedeutet worden. Die 14 Regierungen seien zu ihrer Österreich-Kritik nach der FPÖ-Regierungsbeteiligung durch einzelne Verräter aus den eigenen Reihen (Altkanzler Klima, Bundespräsident Klestil) angestiftet worden. Auch in der ursprünglichen Robin-Hood-Story gibt es übrigens einen entsprechenden Verräter, der Informationen an den korrupten König und seinen Sheriff gibt. Überhaupt ist es so, dass die populistischen Helden, wenn sie überhaupt sterben, nur durch Verrat sterben. Siegfried hat seinen Hagen, Robin Hood einen als Arzt verkleideten Meuchler und Zapata wird auch verraten, kommt aber möglicherweise auf seinem weißen Pferd aus irgendeinem Jenseits wieder zurück. Nichts steht dem populistischen Helden schlechter zu Gesicht als die langsame Abnützung und Vergreisung im staatlichen Dienst, in der Verwaltungsroutine oder gar als Steuereintreiber.

Wer sich von der Psychologie eines C. G. Jung und seiner Lehre von den »Archetypen« im menschlichen Seelenleben anregen lassen möchte, kann in dem Robin-Hood-Skript von Haider das Spiel mit einem menschheitsgeschichtlich tief verankerten Archetypus, nämlich dem des Helden sehen, welcher die Monster, Autoritäten und Götter dieser Welt herausfordert. Er kommt in vielen Erzählungen und Mythen vor. Im Falle von Haider mischt sich aber noch eine weitere archetypische Figur ein, die ebenfalls fast universell und beim Publikum beliebt ist. Es ist die des »Tricksters«, der die kulturellen Normen und Autoritäten durch Witze-Machen, provokantes Auftreten und Narretei oder permanente Zirkusauftritte (bei denen er manchmal mit dem Kopf nach unten hängt) herausfordert. Er scheint die Bedürfnisse der Menschen nach einer »Frechheit von unten« (Peter Sloterdijk) auszudrücken. Eddy Murphy ist ein derzeit sehr beliebter Hollywood-Trickster. Till Eulenspiegel ist ein etwas älteres Modell, Odysseus noch ein bisschen älter. Den Trickster kann man eigentlich nicht festlegen. Er darf ungestraft lügen, wenn es nur der Demontage der traditionellen Monster und Autoritäten dient. Die Kunst des Ausweichens, Sich-Herausredens und listigen Zustechens, zum Beispiel mitten in das Auge des mächtigen Zyklopen, wird vom Publikum zumindest über weite Strecken genossen. Dass in unserem Fall die vorgeführte »Frechheit von unten« letztlich wieder nur der »Frechheit von oben« (dem Zynismus) dient, mit einer Verachtung des Schwachen verbunden ist und die Herrschaft der Besitzenden in unserer Gesellschaft keineswegs in Frage stellt, wurde im Publikum vergessen. Unser Held tritt gegen die Ausbeutung und Geldherrschaft immer nur auf der Bühne der staatlichen und halbstaatlichen Institutionen an. Die Demütigung und Ausbeutung in der privaten Wirtschaft, im alltäglichen Arbeitsleben und auch in der Abhängigkeit von Wohnungs- und Grundeigentümern werden nicht angesprochen, bleiben tabu. Hier dürfen sich der »kleine Mann« und die »kleine Frau« weiterhin alleine herumschlagen, den Kopf einziehen und auf jemanden warten, der dann irgendwo ihre Rachegefühle stellvertretend für sie auslebt.

Am Ende dieses Kapitels muss noch erwähnt werden, dass unser Held bei Bedarf auch die Kunst einer blitzschnellen Täter-Opfer-Umkehr beherrscht. Er stilisiert sich wehleidig zum Gejagten, zum Opfer einer »Jagdgesellschaft«, wenn die öffentliche Empörung über die Verletzung eines Gegners oder einer unschuldigen Menschengruppe zu groß geworden ist. Diese Umkehr bringen z. B. auch verwahrloste Jugendliche sehr gut zu Wege, die erst ins Zimmer des Nachbarn mit dem Luftgewehr schießen und dann laut zetern und sich extrem ungerecht behandelt fühlen, wenn die Polizei kommt und sie vielleicht etwas rau anfasst. Plötzlich ist aus dem lustvollen Täter der »arme Bua« geworden, vor den sich dann möglichst noch die Eltern, Muttis oder Sozialarbeiter stellen sollen. Ganz Österreich wird jetzt aufgefordert, im »Schulterschluss« eine Schutzmauer zu bilden, hinter der sich Haider vor der Kritik aus Europa verstecken kann.

Abb. 3

2. Der männliche Sportler und die Erotisierung der Politik

Die nächste Teilfigur in der Haider-Inszenierung, welche mit großem Aufwand gepflegt und vorgeführt wird, ist der männliche Sportler. Haider lässt keine Gelegenheit aus, in Kärnten, New York und anderswo öffentlich als zäher Marathonläufer aufzutreten, Steilwände hinaufzuklettern, den Montblanc samt Nachbarbergen zu bezwingen oder Tennis zu spielen. Wenn man sein Tennistrainer ist, hat man gute Chancen, zum FPÖ-Politiker oder gar Nationalratsabgeordneten aufzusteigen. Bekannt war Haiders Brückensprung von der Jauntalbrücke in Kärnten, mit dem er 1991 das Bungee-Jumping in das Bundesland brachte. Haider sprach von dieser Aktion als notwendige »Männlichkeitsprüfung« und »Selbstdisziplinierung«, die als Vorbild für die Jugend nützlich sei. Der Kärntner Wahlkampf 1999 wurde als Eishockey-Match in einer Eishockey-Halle und unter dem Motto »Power Play für Kärnten« eröffnet. Auf den entsprechenden Wahlplakaten war Haider wie ein Eishockey-Star abgebildet, dessen Foto man für sein Album ausschneiden kann. Bei den persönlichen Daten des »Spielers« war im Vorgriff auf die Realität bereits »Landeshauptmann« angegeben (Abb. 3). Eishockey-Spieler sind in Kärnten Nationalhelden, von denen es sogar Pin-up-Kalender gibt.

In den Wochen kurz vor dem Wahltermin brachte die FPÖ im Radio früh am Morgen eine Reihe von Werbespots, die als Morgenturnen getarnt waren. Der Lehrmeister, der uns zum Rumpfkreisen, Strecken, Beugen und so weiter einlud, war der Parteiobmann und Spitzenkandidat Jörg Haider selbst. Haider bietet sich als Modell für körperbewusste Österreicher und Österreicherinnen an (Abb. 4 und 5) und konkurriert darin erfolgreich mit dem zweiten großen Modell, nämlich Arnold Schwarzenegger, dessen Körpermaße und

Abb. 4

Muskelumfang für die meisten unserer Alltagssportler doch noch ein bisschen weit weg und unerreichbar erscheinen. Außerdem hat dieser in der allerletzten Zeit, vielleicht auf Grund seiner Herzprobleme, eine Art Identitätskrise bekommen, in der er behauptet, dass körperliche Stärke und Kraft für die Lösung unserer Probleme gar nicht so wichtig seien. Haider hat im Vergleich dazu das Gegenteil einer Identitätskrise, er ruht so selbstbewusst in seinem Körper, wie viele Männer es sich wünschen und es viele Frauen mittlerweile wieder ganz offen attraktiv finden. Etwas seltsam Überkompensatorisches, Angeberisches scheint diesem Körperverhältnis allerdings anzuhaften: Über die Diskussion zu seinem Brückensprung meinte Haider 1991: »Das ist der Neid meiner wohlbeleibten Mitkonkurrenten. Der Vranitzky müsste wirklich was für seine Fitness tun. Er kriegt ja bald seine Hosen nicht mehr zu.« (Basta, Juni 1991) Lech Walesa war einmal als typischer arbeitsunwilliger Pole und als »schon mehr breit als hoch« bezeichnet worden und der frühere Bundespräsident Waldheim, der Haider bei der Diskussion um die »positiven Seiten der nationalsozialistischen Beschäftigungspolitik« nicht unterstützen wollte, erhielt das Etikett »feige, rückgratlos und lendenlahm«. Als im Februar des Jahres 2000 aus dem Weißen Haus Kritik an der Regierungsbeteiligung der FPÖ kam, wechselte Haider das Terrain der Auseinandersetzung, um Präsident Clinton eine Niederlage unter Männern anzudrohen: »Sogar US-Präsident Bill Clinton fürchtet sich vor mir. Er müsste aber nur Angst haben, wenn wir gemeinsam beim New-York-Marathon antreten, denn ich bin viel schneller als er.« (Kleine Zeitung, 8. 2. 2000)

Der männliche Körper- und Fitness-Kult als Teil eines populistischen Programms ist nicht so neu, wie es scheint. Das Survival of the fittest, verbunden mit dem Kult eines deutlich männlichen und eines deutlich weiblichen Körpers ist Ausdruck eines sozialdarwinistischen Lebensentwurfs, bei dem das Starke zugleich schön und wertvoll, das Schwa-

Abb. 5

che zugleich hässlich und unwert ist. Die Nationalsozialisten hatten bekanntlich (nach den 20er Jahren, in denen es schon einmal eine eindrucksvolle Relativierung der Geschlechtsrollen, Frauen- und Homosexuellen-Emanzipation gab) eine extreme Variante des Sozialdarwinismus verbunden mit der Idee einer klaren rassistischen Männlichkeit und der Verfolgung alles Mehrdeutigen und Schwachen durchgesetzt. Der

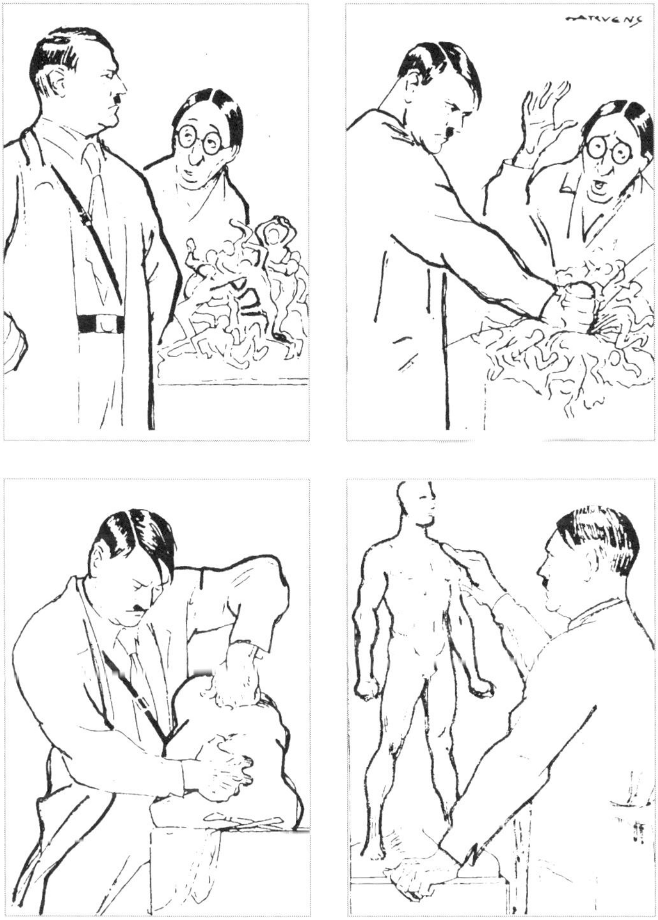

Abb. 6

Film »Cabaret« mit Liza Minelli zeigt sehr schön den Angriff der Nazi-Männlichkeit auf die Kultur der 20er Jahre. Eine Bilderfolge aus einer Nazi-Illustrierten bald nach der Machtübernahme mag hier den Kult von Männlichkeit, Stärke und Schönheit verdeutlichen. Wir sehen Hitler, selbst etwas geschönt, wie er unter den missgünstigen Blicken eines Juden aus einem Menschenbrei (heute würde man vielleicht sagen:

einem »multikulturellen Einheitsbrei«) den neuen starken Mann formt. Dieser sieht ein bisschen so aus wie die Figuren von Hitlers Lieblingskünstler Arno Breker, der bevorzugt einen bekannten deutschen Zehnkämpfer als Modell verwendete. (Abb. 6)

Heute hilft die neue supersportliche Männlichkeit gegen die Krise der Männer, welche durch die Demontage des Patriarchats seit 1968, durch die Emanzipation der Frauen in den Bereichen Bildung, Beruf und Sexualität während der letzten Jahrzehnte ordentlich verunsichert wurden. Ziemlich genau seit 1983/1984 haben wir in der westlichen Kultur die Gegenbewegung, den Roll-back des Ramboismus oder Neo-Macho-(Un-)Wesens. Politisch war das ganz direkt mit dem Rechtsruck unter Ronald Reagan verbunden, der ja die Sylvester-Stallone-Filme ganz unbefangen als Vorbild pries. Die Ökonomie wurde nach den Jahrzehnten des Neo-Keynesianismus jetzt wieder offen sozialdarwinistisch organisiert bzw. »entfesselt«. Diese Roll-back-Bewegung hat sich zum Glück nur teilweise durchgesetzt, aber die Angst, ein »Loser« zu sein, als Mann in der ökonomischen, beruflichen, körperlichen und sexuellen Konkurrenz abzustürzen, scheint so verbreitet, dass ein wachsender Teilmarkt für das Identitäts-Stütz-Angebot des Ramboismus und ewigen Fitness-Trainings entsteht. Die sozialdarwinistische Angst, die darin verborgen ist, zeigt sich in der Bereitschaft zur Kränkung und verbalen Kastration des Gegners, einem Verfall von Höflichkeit und Aggressionshemmung, welche in der öffentlichen Kultur der 50er, 60er und 70er Jahre noch ganz unmöglich gewesen wären.

Haider scheint durch die Sylvester-Stallone-Filme wesentliche Anregungen erfahren zu haben. Er orientiert sich wahrscheinlich überhaupt mehr, als man denkt, an ziemlich banalen Hollywood-Bestsellern (z. B. Kevin Costners »Robin Hood«). Mitte der 90er Jahre gab es ein FPÖ-Werbevideo mit dem Titel »Ein Mann geht seinen Weg«, welches ursprüng-

Abb. 7 »Nur in einem gesunden Körper wohnt ein gesunder Geist.«

lich an einige Hunderttausend österreichische Haushalte verteilt werden sollte. Die erste Hälfte dieses Videos ist in peinlicher Weise vom Sylvester-Stallone-Film »Rocky IV« abgekupfert. Der Boxer Rocky bereitet sich auf das große Duell mit dem bösartigen russischen Boxer Drago in einer (sibirischen) Eis- und Schnee-Landschaft vor. Dasselbe tut Haider im winterlichen Bärental, nur dass das Duell um die Kanzlerschaft im Österreich der Jahrtausendwende geht. Zu Beginn der Sequenz tritt Rocky mit entschlossenem Gesicht aus einer eiszapfenbehangenen Hütte. Dasselbe macht Haider in seinem Video. Dann dürfen wir die männliche Kraftentfaltung beider bewundern. Rocky hilft einem stecken gebliebenen Pferdeschlitten wieder auf den Weg. Dasselbe passiert Haider, nur dass diesmal die Pferde fehlen. Mit lautem Krachen fällt bei Rocky ein abgesägter Baum, offenbar als Symbol für das künftige Schicksal des Gegners, dasselbe geschieht im Haider-Video, und so geht es weiter. Auch die Musik ist teilweise übernommen. Das FPÖ-Video ist in den österreichischen Haushalten dann doch nicht so flächendeckend verbreitet worden, wie ursprünglich angekündigt. Die in Hongkong produzierte Lieferung soll Produktionsfehler aufgewiesen haben. Möglicherweise hätte es aber auch urheberrechtliche Probleme mit Sylvester Stallone gegeben. Auch die Idee von Rückzug und großem Comeback zum nächsten Duell, welche Haider gerade mit seinem Rücktritt vom Parteivorsitz inszeniert hat, scheint dem Skript der »Rocky-Filme« entsprungen. Schließlich gibt es ja auch Rocky I bis IV.

Es gibt aber Hinweise darauf, dass auch die älteren Vorbilder für den sozialdarwinistischen Männlichkeits- und Körperkult noch durch die Reihen und Köpfe der FPÖ geistern. Im Sommer 1999 veröffentlichte die Kärntner FPÖ ein Foto-Inserat, auf dem die gestählten Sportler-Körper von Jörg Haider und zweien seiner Landespolitiker im vollen Einsatz zu sehen waren. (Abb. 7)

Unter der Fotomontage war der Satz zu lesen: »Nur in einem gesunden Körper wohnt ein gesunder Geist!« VertreterInnen von Behindertengruppen, welche Haiders gelegentliches demonstratives Auftreten mit behinderten Jugendlichen und Musikern offenbar eher für eine Alibi-Aktion hielten, protestierten heftig gegen den Gesundheitskult und die plakativ verkündete Ausgrenzung von Kranken und Behinderten. Es folgte eine der üblichen FPÖ-Entschuldigungen. Es habe sich um ein Missverständnis und einen Ausrutscher gehandelt, man wolle niemanden kränken und so weiter. Ich denke, eine bewusste Absicht zu kränken hat bei den Inseratgestaltern vielleicht nicht vorgelegen. Aber der Vorfall zeigt, wie tief der alte Sozialdarwinismus und Körperkult in der Erziehung vieler FPÖ-Funktionäre verankert ist. Wenn man in »Mein Kampf« nachschaut, findet man dort überall den von Juvenal stammenden lateinischen Spruch »Mens sana in corpore sano (sit)« in der falschen Übersetzung und bösartig-ausschließenden Abwandlung, welche durch das davor gesetzte »nur« entsteht. Die Burschen haben es wahrscheinlich in ihren deutschnationalen

Abb. 8

Turnerbünden und von den »alten Herren« beim Mensurenfechten nicht anders gehört. Es sitzt einfach drinnen.

Bin ich zu hellhörig und übertreibe ich, wenn ich behaupte, dass der Haidersche Körperkult nicht nur mit Eitelkeit, sondern auch mit einer Verachtung für das Unterlegene, Schwächere verbunden ist? Man vergegenwärtige sich Haiders Aussage in seiner jüngsten Rede zum Aschermittwoch. »Der Wiener Bürgermeister, ein renitenter Alt-Sechziger, wenn man ihn so reden hört, der das Problem hat, dass mit der rapiden Zunahme seines Körpergewichts die geistige Reife nicht mithalten konnte ...« (8. 3. 2000 in Ried) Das ist gelinde gesagt faschistoid und außerdem dumm, weil wir alle

Abb. 9

einmal in die Situation kommen können, dass unser Körper nicht mehr den Idealmaßen eines Arno Breker entspricht. Einige Tage später machte sich Haider über das Aussehen des SPÖ-Chefs Alfred Gusenbauer (von ihm auch »Gruselbauer« genannt) lustig: »Der aufgebahrte Lenin ist fescher als der Gusenbauer. Wenn der einmal auf eine Briefmarke kommt, geht die Post wirklich pleite.« (Kleine Zeitung, 12. 3. 2000)

Die neuen Männer sind auffallend frisch und mutig. Psychoanalytisch orientierte Psychologen würden dieses Verhalten als »kontraphobisch« einstufen. Es dient vermutlich der Abwehr sehr tief sitzender Ängste, ist eine permanente »Flucht nach vorne«. Ängstlichkeit und Weichheit werden dementsprechend bei anderen verachtet und verfolgt. Es sind vor allem die Angst vor dem Absturz ins Nichts und die Angst vor dem Versinken im Weiblichen, welche durch die kontraphobische Männlichkeit gebannt werden.

Es gibt viele Gründe für die Annahme, dass für die Menschen auf unserem Planeten der Absturz droht. Ökologische Katastrophen scheinen unaufhaltsam, das Bevölkerungswachstum droht, die Arbeitsplätze sind alles andere als sicher, Karrieren können von einem Tag auf den anderen abbrechen, Familien scheitern. Die Beliebtheit der Risikosportarten wie Drachenfliegen, Paragleiten, Extremklettern, Rafting, Fallschirm- und Gummiseilspringen erklärt sich vor diesem Hintergrund. Die Selbstrettung durch Geschicklichkeit und männliche Fitness wird zum zentralen Teil des Lustempfindens. Die »Angstlust« verursacht einen speziellen Kick. Und aus der Überwindung der gefährlichen Situationen kommt die Botschaft: Du brauchst doch keine Angst zu haben, es gibt keinen Absturz, Rettung ist möglich – wenn Du nur, wie die Vorbilder, fleißig trainierst, fit und mutig bist. Haiders Sprung von der Brücke am Gummiseil (Abb. 8) ist für die Verkündung dieser Botschaft natürlich ideal. Wer diese Interpretation für übertrieben hält, ist eingeladen, sich das Parteiprogramm der FPÖ von 1998 mit seinen Hochglanz-Illustrationen anzuschauen. Gleich auf der ganzen ersten Seite sehen wir das Foto einer Gruppe von glücklichen Fallschirmspringern, die sich im freien Fall kreisförmig an den Händen halten. (Abb. 9)

Eine zweite Angst, welche die Männer umtreibt, ist die Angst vor dem Versinken im Weichen, Weiblichen, Flüssigen. Klaus Theweleit hat in seinem großen Werk über »Männerphantasien« (Bd. 1 u. 2, Reinbek 1980) anhand vieler literarischer Beispiele die Bilderwelt der präfaschistischen und faschistischen deutschen Männer untersucht. Die Fremden, die Ausländer werden als Fluten und wogende Massen vorgestellt, die uns zu verschlingen drohen. Aber auch die Frauen sind gefährliche Wesen, die verschlingen und die mit dem Körperinneren, dem Flüssigen, Breiigen gewissermaßen auf Du und Du stehen. Demgegenüber muss das Männliche sich als ein Aufrechtes, Ragendes, wie ein »Fels in der Brandung« abgrenzen. Dass das wirklich nicht leicht ist, führt uns zum Beispiel Andreas Mölzer in seinem dichterischen Werk vor. Andreas Mölzer ist Haiders Freund und Biograf (Autor der Jubelbiografie »Der Eisbrecher«) und 1999 von Haider zum »Kulturbeauftragten« für das Land Kärnten ernannt worden. Zunächst ein Mölzer-Gedicht, betitelt »Die Flut«, dem ich zwei Bilder (Abb. 10 und 11) aus Theweleits Buch beifüge:

»Erdbraune Fluten / Wälzen sich drängend / Gewaltig durchs Land / Vom Berge zum Meer / Durch Wälder und Wüsten / Es gibt keinen Halt
Umtoben die Wogen / In zischendem Gischt / In heulendem Strudel / Einen Pfeiler – / Wie Fels gegründet auf ewigem Erz / Entfacht ihre Wut
Und leistet er Wochen / Monate Jahre / Beharrlichen Widerstand so kommt doch / Der Tag da er weicht / Er versinkt ist vernichtet und nichts / Erinnert an ihn.
Zwar heroisch / Und doch ohne Sinn / ist Widerstand ohne die Hoffnung / Klüger ists die Fluten / Gewähren zu lassen.«

Dieses Gedicht stammt aus dem Mölzer-Band »Lob der Kälte«. Antonio Fian hat es für das breitere Publikum entdeckt (vgl. seinen Beitrag für das Kärntner »Radio Agora«). Der phallokratische Wahn wird schon etwas vom Realitätssinn und dem taktischen Denken des »Klügeren« relativiert. Die Emanzipation der Frauen hat doch einige Spuren im männlichen Selbstbewusstsein hinterlassen. Die alten Klischees sind aber vorhanden. Die Gefährlichkeit des Weiblichen führt uns auch sehr deutlich Mölzers Romanheld in dem Buch »Der Graue« vor:

»Hart warf er sie zu Boden, wo sie liegen blieb. Und nun, da die Bronzehäutige willenlos unter ihm lag, da er keinen Widerstand mehr verspürte, drang er mit einem Ruck in sie

Abb. 10

ein, und nach einigen Stößen brach er auf ihr zusammen. (…) Ihre vorher bronzeschimmernde Haut war mit Schweiß und Blut verschmiert, blaue Schwielen und Kratzspuren zogen sich über die Brust, die sich in langsamen, gepressten Stößen hob und senkte. Die Augen in dem zerschlagenen, blutunterlaufenen Antlitz waren geschlossen, und den Mund umspielte ein Zug von tödlichem Frieden. Schwer erhob er sich, trat zurück und blickte auf das Bild vor sich. Der Körper der Diva lag willenlos auf dem zerrauften Lager, Sperma tropfte von der Innenseite ihrer Schenkel auf den Teppich.«

Da haben wir sie wieder – die Körperflüssigkeiten. So weit kann die Frau auch den intellektuellen Mann hinunterziehen. »… er wandte sich ab und ging mit tastenden Schritten hinaus in das Dunkel der Nacht. Abscheu und Ekel vor sich selbst legte sich bleiern auf seine Brust.« (Zitate nach Fian)

Man muss sich vorstellen: Der Autor dieser heruntergekommenen sexuellen Klischees ist derzeit in Kärnten als oberster »Kulturbeauftragter« einer Partei tätig, welche die moderne Kunst von angeblicher Pornografie reinigen will. Am 18. 2.

Abb. 11 »Dem Andenken an die 81 deutschen Männer, die der Strom (...) bei einer militärischen Übung verschlang.«

Abb. 12

2000 drohte er mit dem Gestus des Weltmannes dem Klagenfurter Stadttheater wegen angeblicher Provinzialität Subventionsentzug an. (Der Intendant Dietmar Pflegerl hatte 1998 den Mut besessen, sich mit dem von der Haider-FPÖ als »abartig« verfolgten Maler Cornelius Kolig zu solidarisieren.)

Mölzer musste von Haider vor einigen Jahren schon einmal als Leiter des FPÖ-Bildungswerks in die zweite Reihe zurückgezogen werden, weil er unter Berufung auf die Biologie vor der drohenden »Umvolkung« Österreichs gewarnt hatte. Jetzt gibt er neben seiner »Kulturarbeit« in Kärnten u. a. die rechtslastige Zeitung »zurZeit« heraus, über welche man Prestige-Artikel für Mitglieder schlagender Verbindungen (Abb. 12), z. B. Säbel und Bronze-Statuetten von Waffenstudenten, bestellen kann.

Dass Haider selbst ein Vertreter des männlichen Chauvinismus ist, wird zwar in der allerjüngsten Zeit durch die Frauenriege, mit der er sich umgibt, z. B. Vizekanzlerin Susanne Riess-Passer, etwas vernebelt, ist aber nachweisbar.

Im Jahr 1993 gab es im österreichischen Parlament die sogenannte »Lutschaffäre« und die sogenannte »Grapschaffäre« wegen sexistischer Übergriffe auf eine grüne Politikerin und eine sozialistische Parlamentarierin. Der damalige Sozialminister Hesoun wurde zum Rücktritt aufgefordert. Während die meisten Parlamentsmänner mauerten, übte die damalige Staatssekretärin für Frauenfragen, Johanna Dohnal von der SPÖ, deutliche Kritik. In dieser Situation meinte Haider, Frau Dohnal vertrete ja nur deswegen ihre merkwürdigen Positionen, weil sie selbst so abstoßend sei, dass sie ja ohnehin niemand mehr angreifen wolle. Haider ließ es auch zu, dass seine Kärntner politische Ziehmutter Kriemhild Trattnig mit Hilfe einer sexistischen Attacke aus der Partei geekelt wurde: Bei einer FPÖ-internen Kabarett-Aufführung wurde sie von einem der Haider-Vertrauten so parodiert, dass ihr ständig das Reizwort »Babyficker« (über welches sie sich anlässlich einer Bachmann-Wettbewerb-Lesung maßlos aufgeregt hatte) in den Mund gelegt wurde.

Eine eher tragikomische Yuppie-Variante des frauenverachtenden FPÖ-Machos stellte der Kurzzeitjustizminister Michael Krüger dar, der Ende Februar 2000 zurücktreten musste, weil er unbedingt einen Jaguar als Dienstwagen haben wollte und gemeinsam mit einem Jugendfreund der Zeitschrift »Profil« freimütig darüber berichtet hatte, wie beide dereinst eine »Miss Vienna« in derselben Nacht nacheinander zum Objekt ihrer sexuellen Befriedigung (oder Bestätigung) gemacht hatten.

Das neu-alte Männerbild des attraktiven Sportlers korrespondiert mit einem Frauenbild, das unterschwellig attraktiv ist, weil es die Welt wieder einfacher machen würde. Haider traut sich nicht mehr offen zu sagen, dass es in den Familien natürlicherweise einen »führenden und einen dienenden Teil« geben soll, so wie es von ihm, verbunden mit einem Seitenhieb auf die »denaturierte Form des heutigen Zusammenlebens«, im »Kurier« vom 7. 10. 1984 zu lesen war. Wenn

Abb. 13

Haider heute offen sagen würde, dass der von ihm angekündigte »Kinderscheck« (Abb. 13) die Frauen wieder an den Herd und ins Kinderzimmer bringen soll, während die Männer dann draußen, auf den Sportplätzen, an der Steilwand und im Beruf ihre Fitness unter Beweis stellen, würde das auch unter manchen seiner Anhängerinnen Widerstand auslösen. Wir wissen aus Untersuchungen, dass selbst in Gruppen von manifest rechtsradikalen Jugendlichen die Mädchen dieses Programm nicht so einfach mitmachen. Deshalb muss die neue Arbeits- und Rollenteilung (die auch eine elegante Lösung für die strukturelle Arbeitslosigkeit liefern würde) unter der Hand und durch die Blume attraktiv gemacht werden. Wenn man die in Kärnten von Haider im Frühjahr 1999 gehaltenen Wahlreden genauer analysiert, werden die rhetorischen Figuren deutlich, mit denen der gelegentlich geäußerte Gedanke einer partnerschaftlichen Wahlmöglichkeit zwischen Männern und Frauen bei der Aufgabe der Kinderbetreuung schließlich doch wieder ganz und gar im schönen Bild von den verantwortlichen Müttern verschwindet. Aus dem Tonbandmitschnitt einer Wahlrede:

»Aber 46.000 Frauen haben jetzt das Karenzjahr beendet. Und die müssen berufstätig sein. Und haben nicht automatisch einen Platz für ihr Kind. Daher haben wir gesagt, eigentlich wär's vernünftiger, wenn wir den Müttern mehr Zeit für ihre Kinder geben. Wir geben ihnen pro Monat 5.700 Schilling. Mit diesem Geld kann die Mutter entscheiden, ob sie zuhause bleibt, teilzeitbeschäftigt ist, ob sie eine Tagesmutter nimmt, ob sie einen Kindergartenplatz kauft. Was immer. Aber das Ziel ist es, dass die Mütter mehr Zeit für ihre kleinen Kinder bekommen, weil ich habe noch nie eine Mutter gesehen oder getroffen in den letzten Monaten, die den dringenden Wunsch hat, wenn das Kind so klein ist, es möglichst bald zu fremden Leuten zu geben. Jede Mutter möchte so lang als möglich ihr eigenes Kind selbst beschützen, weil das Kind im kleinen Alter selbstverständlich schutzbedürftig ist, weil es Geborgenheit braucht, Zuwendung braucht, Nestwärme braucht. Und wenn wir das schaffen mit diesem Kinderscheck, dass die Frauen mehr Zeit für ihre Kinder haben und länger auch zuhause bleiben können bei ihren Kindern, sparen wir uns später hinaus viele Kosten für Psychologen, Therapeuten und Psychiater.« (Rede in Viktring, 5. 3. 1999)

Haider setzt sich selbst hier zunächst einmal in die Leerstelle des zuverlässigen Familienernährers ein. Und er trifft, obwohl es heißt »die Frau kann selbst entscheiden ...«, dann doch als starker Mann die Entscheidung, wer die Kinder aufziehen soll, damit sie später nicht zu den Psychologen und Psychotherapeuten müssen. Die Aussagen kreisen fast endlos um die Kinder, die angeblich nur durch die Nähe zur

Mutter geschützt sind. Endlich jemand, der wieder Ordnung in den Familien schafft. Die »Furcht vor der Freiheit« (Erich Fromm), welche das Leben in der modernen »Verhandlungsfamilie auf Zeit« (Ulrich Beck) oft so anstrengend machte, scheint somit gebannt.

Die Aufteilung der Geschlechtsrollen, wie sie Haider vorschwebt, ist auch entwicklungspsychologisch höchst bedenklich. Die Nähe zum frühen, haltenden und pflegenden (»präödipalen«) Vater ist für Mädchen wie Jungen wichtig; und der »ferne Vater« (Josef Aigner) hinterlässt bei den Jungen ein Identifikationsdefizit, ein Schwächegefühl in Bezug auf die eigene Männlichkeit, das dann später nur allzu oft durch gewalttätiges Macho-Gehabe oder rechtsextreme Bandenbildung kompensiert wird.

Dass hinter der Kinderscheck-Idee letztlich nicht die Sorge um die Kinder steht, sondern eher ein Interesse an der Wiederherstellung alter Geschlechtsrollen und die alte Mölzer-Angst vor einer »Umvolkung« in Österreich, scheint auch dadurch belegt, dass der Kinderscheck auf keinen Fall für ausländische Familien gelten sollte. Gelten die internationalen Kinder-Rechte nicht auch für die Kinder aus diesen Familien? (Das Haider-Zitat und Hinweise zur Analyse stammen aus: Susanne Tatjana Sleik/Carmen Mertlitsch: WählerInnen und SympathisantInnen einer Linie, Klagenfurt 1999.)

Ich will nun auf das Thema der »Erotisierung der Politik« eingehen. Als Übergang passt gut ein Foto aus der französischen Zeitung »Libération«: Eine Gruppe von Frauen schaut begeistert auf Haider. Eine von ihnen hat ein Buch des Idols unter dem Arm. (Abb. 14)

Die Figur des attraktiven, sportlichen Neo-Machos, wie sie Haider verkörpert, übt eine erotische Faszination aus. Manche LeserInnen mögen an dieser Stelle die Stirne runzeln oder meine These doch für die Ausgeburt eines überreizten Psychologen-Hirns halten. Aber man muss das erst einmal so offen aussprechen, um die Wirkmechanismen besser

Abb. 14

zu verstehen und sie vielleicht ihrer Kraft zu berauben. Ihr ungehindertes Weiterwirken macht Österreich jedenfalls nicht gerade intelligenter. Die These von der erotischen Faszination des Idols ist gar nichts so Ungewöhnliches, wenn wir bedenken, dass uns in den letzten Jahrzehnten alles und jedes mit einer immer aufdringlicheren Beimengung von Sex verkauft worden ist. Das geht von den Kosmetika über die Autos und den verführerischen »Cola-Mann« in der Werbung bis zum gesamten TV- und Hollywood-Angebot. Die Politiker haben schon länger versucht, sich ebenfalls als ein erotisches Objekt der Begierde zu präsentieren und zu verkaufen. Man kann hier weit zurückgehen: Hitlers eitle Posen, die sein Hoffotograf Hofmann in unzähligen Varianten festhielt, sind vielleicht nicht mehr unser Geschmack, und viele haben vor allem seine abstoßenden Kriegsreden im Ohr. Aber zuverlässige Zeitzeugen, z. B. sein Minister Albert Speer, berichten beeindruckt von seinem persönlichen Charme und seinen mehr oder weniger blauen Augen, mit denen es ihm gelang, Männer wie Frauen in kürzester Zeit an sich zu binden. Mussolinis männliche Ausstrahlung war bekannt. Und in den letzten Jahrzehnten, etwa mit dem Beginn der Kennedy-Präsidentschaft, hat sich vor allem aus den USA kommend die Idee des gut aussehenden, jugendlich wirkenden, möglichst noch sportlichen Politikers durchgesetzt. Seither müssen US-Präsidenten öffentlich joggen. Natürlich stapfen die alten politischen Modelle und Kolosse auch noch in der Welt herum, und es gibt genügend Leute, die ihre Wahlentscheidungen auf Grund anderer Kriterien fällen. Aber immerhin lässt sich ein beträchtliches Marktsegment mit der Erotisierung und Ästhetisierung der Politik erobern. Viele Mitbewerber wirken hier noch etwas verkrampft und schüchtern. Haider scheint im Vergleich dazu mit sich völlig im Einklang. Er verkauft seinen Körper elegant, scheinbar »aus der Mitte heraus«. (Abb. 15) Auf diese Weise befriedigt er die Sehnsucht der Menschen nach dem »natürlichen Star«, eine Sehnsucht, die in die Widersprüche unserer durchkommerzialisierten Verpackungswelt zutiefst eingelassen ist. Natürliche Stars, die so geschminkt sein müssen, dass sie ungeschminkt wirken, gibt es in weiblich und männlich. Sie sind deshalb so beliebt, weil sie die Quadratur des Kreises zu Wege bringen, sich in einer Welt, in der alles und jedes verkäuflich ist und die Kameras und Scheinwerfer allgegenwärtig sind, mit Spontaneität und Authentizität, mit dem Charme eines manchmal eher frechen, manchmal eher schüchternen Naturkindes zu bewegen. Eine Variante davon ist der braungebrannte »Naturbursche«. Die österreichischen Ski-Asse werden von den Medien zu solchen Naturkindern und Naturburschen stilisiert, sollten deswegen auch vor der Kamera möglichst kein Hochdeutsch, sondern einen unverfälschten Dialekt sprechen. Dass zugleich die Mützen und Jacken wie Litfasssäulen voller Werbeinformationen sind, stört niemanden (auch Haider ließ sich für Werbezwecke von Reebok sponsern). Die begehrte »Natürlichkeit«, lässt sich, wie jeder Schauspieler weiß, auch trainieren. Heute gibt es dafür

Abb. 15

Mental- und Psychotrainer, derer sich Haider sehr wahrscheinlich bedient. Wie dem auch sei: Unsere Liebe zu dem »natürlich gebliebenen« Star lebt von dem Wunsch nach einer nicht verlogenen, nicht kommerzialisierten, unentfremdeten Welt. »Einfach ehrlich – einfach Jörg!« hieß es auf den Wahlplakaten der FPÖ. Dass gerade unter dem Echtheits- und Ehrlichkeitsversprechen wieder besonders erfolgreich Waren verkauft werden, vergessen wir im Moment der Begeisterung nur allzu gerne.

In Sigmund Freuds Schrift »Massenpsychologie und Ich-Analyse« (1921) sind die Ähnlichkeiten zwischen der schwärmerischen Massenbildung unter einem Führer, dem Zustand der Verliebtheit und dem der Hypnose beschrieben und erklärt. Im Zustand der Verliebtheit, den wir alle kennen, gehen wir im Objekt der Verliebtheit ein Stück weit auf – das »Herz geht uns auf« – wir »vergessen uns« und fühlen uns gerade dadurch angenommen und erhöht. Die selbstkritischen Instanzen des Über-Ich, der Gewissens- und Realitätsprüfung treten in den Hintergrund bzw. werden an das Liebesobjekt abgetreten: es wird schon wissen, was richtig ist. Wenn uns in diesem Zustand jemand Informationen über Fehler und unverantwortliche Aussagen des Liebesobjekts gibt, haben wir »Bohnen in den Ohren«, versuchen wir es, solange es geht, zu überhören. Der Gewinn dieses manchmal lebensgefährlichen Unternehmens, vor dem die Weisen dieser Welt immer wieder gewarnt haben, liegt in einer sonst selten erlebten Nähe und einer temporären lustvollen Verschmelzung. Biologisch handelt es sich vielleicht um die Mobilisierung einer starken Partner-Bindungs- und Nest-Aufbau-Energie, welche, nachdem den Menschen die Brunftzeiten abhanden gekommen sind, nun über kompliziertere Seelenwege abläuft.

In der Masse, so argumentiert Freud, laufen ganz ähnliche Vorgänge wie im Zustand der Verliebtheit ab. Die Libido, die Liebesenergie richtet sich auf ein idealisiertes Objekt. Dies kann etwas sein, woran wir uns schon immer »anlehnen« wollten oder aber auch ein ersehnter Teil von uns selbst. Etwas, was wir immer schon haben wollten, oder etwas, was wir immer schon selbst sein wollten. Der wichtigste Unterschied besteht darin, dass bei der schwärmerischen Begeisterung in der Masse der körperliche Vollzug der Vereinigung ausbleibt, tabu ist. Nur Berührungen durch Blicke, Schulterklopfen, Handgeben sind erlaubt und können Verzückung auslösen. Die Libido bleibt ansonsten, wie Freud sagt »zielgehemmt«. Und sie wird gewissermaßen »zur Seite hin« wechselseitig unter den Fans verteilt. Diese können sich wechselseitig in die Arme fallen, wie Mädchen bei einem Rolling-Stones-Konzert, genießen die Tuchfühlung und verdrängen ihre Rivalität. Plötzlich haben wir Verschmelzung, Nähe, Vertrauen in unserer sonst so kalten, entfremdeten Welt, in der die meisten Menschen in einer Rivalitätshaltung und wie eingemauert als »homo clausus« (Norbert Elias) herumlaufen. Die Feinde, die uns etwas wegnehmen könnten, sind jetzt draußen. Die quälende Ambivalenz des Seelenlebens scheint im Zustand der Schwärmerei beseitigt. Ich zitiere zur Veranschaulichung aus unserer Studie von 1992, in der mein Kollege Hannes Krall (»H. K.«) zwei jüngere Frauen nach einer Haider-Veranstaltung interviewt hat:

»H. K.: Welche Eindrücke haben Sie von der heutigen Veranstaltung?

Anna: Ja, dass er die Wahrheit redt.

H. K.: Über welche Themen?

Anna: Alles fast, alles.

H. K.: Stimmt das alles, was er sagt?

Anna: Ja, weil das hab ich schon in Wien gehört, dass das schon stimmt.

Eine andere Frau kommt hinzu.

Karin: Er sagt das, wie es wirklich wahr ist.

Anna: Man könnt ihn die ganze Nacht hören.

Karin: Ja ...

Anna: Da wirst nicht müde.

Anna hat heute ein Bild von Jörg Haider bekommen, weil sie ›ihn anschauen möchte‹. Leopold Wagner (der frühere Landeshauptmann) sei im Vergleich viel hochnäsiger gewesen.

Anna: ... aber der Haider, wirklich. Eine Sonnwendfeier waren wir auch schauen. Zwei Stunden haben wir auf ihn gewartet. Da habe ich nicht einmal auf meinen Mann so lange gewartet (lachen). Na, haben wir gewartet!

H. K.: Und wie war es dann?

Anna: Ja, super, schön!

H. K.: Hat er eine Rede gehalten?

Anna: Ja, Rede, und was da Leut waren ... zwei volle Stunden, dann ist er gekommen ...«

Für andere mag Haider eher den Platz eines geliebten Menschen der Sohnesgeneration einnehmen. In einem Interview (mit Susanne Tatjana Sleik) aus dem Jahr 1999 sagt eine ältere Dame – wahrscheinlich mit leichtem Seitenhieb gegen den Schwiegersohn, der gerade in den Raum gekommen ist:

»So, der Haider schätzt ja seine Frau und seine Kinder sehr. Und die Eltern tut er so schätzen. Nicht wie die anderen Politiker. Und ein muats (toller) Sportler ist er halt. Was gefällt mir noch an ihm? Ah ja, er hat doch ... alte Kameraden einmal eingeladen. War das nicht in Krumpendorf oder Pörtschach?«

Diese Frau hat auch in ihrem Familienalbum eine Seite für Jörg Haider, den sie als ihren »ledigen Sohn« bezeichnet. »Ledige« (uneheliche) Söhne werden oft von anderen Familienmitgliedern nicht anerkannt und können Objekt einer trotzigen Liebe sein.

Die Schwärmerei kann recht verschiedene Züge annehmen. (Abb. 16) Für Freud war es selbstverständlich, dass an der Massenbindung zielgehemmte heterosexuelle und homosexuelle Liebesregungen beteiligt sind. In den männerdominierten Massen oder Männerbünden – Freud nennt hier Kirche und Heer – dominiert der homosexuelle Aspekt. Hier »ist für das Weib als Sexualobjekt kein Platz. Die Liebesregung zwischen Mann und Weib bleibt außerhalb der Organisation«. Der homoerotische Aspekt sorgt immer wieder für Irritation. Im Falle der Haider-FPÖ ist das Fantasieleben von vielen Journalisten und auch anderen Teilen des Publikums durchaus angeregt. Die eigenen Fantasien und Irritationen werden vorzugsweise bei der sogenannten »Buberl-Partie« um Haider herum deponiert, über welche man raunt oder spottet. Die Bisexualität unseres Seelenlebens ist aber seit Freud für die Psychologie etwas ganz Selbstverständliches; je offener und unverkrampfter man sie ins Auge fasst, desto weniger kann sie missbraucht werden. Die Nationalsozialisten, welche die manifest Homosexuellen brutal verfolgten, haben die latente Homosexualität in der Massenbildung und als Kitt in ihren Männerbünden missbraucht.

Wichtig ist in diesem Zusammenhang auch die Logik des »Duells unter Männern«. Im Duell kommen die mehr oder weniger attraktiven Männer sich nahe und anerkennen sich, müssen deshab auch zur selben Klasse, Kaste oder Rasse gehören. In der Logik der Burschenschaften ist es eine Ehre und ein Kompliment unter Männern, zum Kreis der »Satisfaktionsfähigen« zu gehören. Und schon mancher Sheriff, der im Duell einen Verbrecher gefangen hat und ihn zum Gerichtsort bringen sollte, hat sich auf dem langen Weg dorthin in eine Männerfreundschaft mit dem Gegner verstrickt. Man muss sich aneinandergekettet gegenseitig aus Abgründen retten, bringt sich in den Nahkämpfen am Boden doch nicht um und ist gerührt über die Schonung, die der Stärkere dem momentan Unterlegenen gewährt. So geht es auch vielen Journalisten und Politikern, die als Haider-Kritiker angetreten waren. Man versteht das Österreich der letzten Jahre wahrscheinlich nur, wenn man sieht, dass die hier angedeuteten unbewussten Prozesse bis weit in die Reihen der Haider-Gegner und Haider-Dulder hinein abgelaufen sind. Das Zuschauen beim Duell und die Liebe zum Sieger, der strahlend aus dem Ring steigt, fördert dann wieder die Verbundenheit im Publikum.

Ähnlich wie in der eigentlichen Verliebtheit werden in der schwärmerischen Massenbindung unter dem Star auch das Über-Ich, das Gewissen, welches uns sonst kritisch beobachtet, und die Realitätsprüfung geschwächt. Hermann Göring soll gesagt haben: »Wozu ein Gewissen? – Mein Gewissen ist Adolf Hitler!« Hinweise auf Fehler des Idols werden,

Abb. 16

solange es geht, einfach nicht gehört oder zu Machenschaften der Gegner und Neider umgedeutet. Wenn sie gar nicht mehr zu überhören sind, werden sie konsequent bagatellisiert. Man kann sie z. B. zu Ausrutschern erklären, die nicht aus dem verantwortlichen Hirn des Idols kommen, sondern nur Produkte eines »losen Mundwerks« sind. Der »Realitätsschock« kommt dann unter Umständen wie bei manchen »normalen Verliebten« oft erst Jahre später. Bis es soweit ist, werden die »Überbringer der Botschaft« und nicht derjenige, auf den sich die Botschaft bezieht, Objekt wütender Attacken. Entscheidend für die weitere Entwicklung der Verführten ist dann ihre Fähigkeit oder »Unfähigkeit zu trauern« (Margarete und Alexander Mitscherlich). Das heißt, es geht um die ehrliche und schmerzhafte Auseinandersetzung mit dem Verlust eines idealisierten Objekts und mit den eigenen missbrauchten Wünschen. Das ist natürlich auch kränkend. Die andere Möglichkeit ist das Sich-Einigeln und die Abwehr der Kränkung, die mit der Einsicht in die eigene Verführbarkeit auftritt. Wenn man zu triumphierend, rechthaberisch von außen kritisiert wird, kann sich die Abwehrstellung noch verstärken. Vom belehrenden Zeigefinger begleitete Aufrufe zur »Trauerarbeit« wirken meistens nicht.

Das dritte Phänomen, welches Freud neben die Partner-Verliebtheit und die Massenbindung gestellt hat, ist die Hypnose. Die Hypnose, sagt Freud, ist die Bildung einer »Masse zu zweit«. Er hatte dabei vor allem die therapeutische Hypnose vor Augen, die er ja selbst gut beherrschte. Auch der oder die Hypnotisierte gibt die Kontrolle über die Realität und seine Gewissensfunktionen vorübergehend bei der Autorität ab. Es ist hier vor allem ein kindlicher Wunsch nach einer leitenden Elternfigur, einem mächtigen »Hilfs-Ich«, welchen sich der Hypnotiseur zu Nutze macht. Es gibt dann natürlich wieder zahlreiche Kombinationsformen von Hypnose und Massenbindung, etwa beim vor Publikum auftretenden Hypnotiseur.

Thomas Mann hat in seiner genialen Erzählung »Mario und der Zauberer« beschrieben, wie in der Atmosphäre des sich faschisierenden Italien der 20er Jahre ein Schaubuden-Hypnotiseur, der »Zauberer« Cipolla, das Publikum manipuliert. Das Wechselspiel von Zuckerbrot und Peitsche ist wichtig. Die Drohung, den widerständigen Einzelnen öffentlich lächerlich zu machen, wechselt mit der scheinbar verständnisvollen Einfühlung in die geheimsten Wünsche und Fantasien der Anwesenden. Der Hypnotiseur schafft es gegen Ende der Vorstellung, sich wie ein ersehnter Vater in die Wünsche des unglücklich verliebten Kellners Mario hineinzuversetzen. Mario ist gerührt und beglückt von so viel Verständnis und hält in diesem Zustand den Zauberer für sein Mädchen. In der sehnsuchtsvollen »Übertragung« der Liebesregungen auf den Hypnotiseur wird Mario von Cipolla dazu gebracht, ihn vor dem Publikum als seine Angebetete zu küssen. Als der junge Mann in den Wachzustand zurückkehrt, erkennt er den Missbrauch seiner Liebe durch die Autorität und erschießt den Zauberer vor dem Publikum. Es mehren sich in letzter Zeit die Hinweise, dass Haider Verfahrensweisen der »indirekten Hypnotherapie« und des »Neurolinguistischen Programmierens« (NLP) bei einschlägigen Fachleuten in den USA erlernt hat. Damit wäre die Trias Verliebtheit, Massenbindung und Hypnose komplett.

Wie aber erhält man den Zustand der Schwärmerei, der quasi-hypnotischen Aufmerksamkeit oder Verliebtheit über längere Zeit? Die altgedienten Ehefrauen und Ehemänner unter den LeserInnen wissen, dass das nicht leicht ist. Und der Soziologe Max Weber hat von der »Veralltäglichung des Charisma« gesprochen, die für alle politischen Führer nach der Aufbruchphase zum Problem wird. Immer derselbe graue Anzug, die ausgebeulte Strickjacke oder das ungewaschene Haar können leicht zum Liebestöter werden. Wenn man schon immer derselbe bleibt, so kann man doch dem Gewöhnungseffekt beim Partner oder im Publikum dadurch entgegenwirken, dass man öfter die Kragenform oder die Frisur wechselt, Eye-Catcher ins Spiel bringt oder ganz ungewöhnliche Dinge sagt. Die traditionellen Politiker haben hier noch gewisse Hemmungen.

Ist das Schwärmen für Haider, der Verlust der selbstkritischen Instanzen im Kontakt mit ihm, etwas spezifisch Österreichisches? Ich glaube nicht. Kann man das Ausländern überhaupt erklären? Ich glaube schon. Spätestens seit der groß angekündigten nTV-Talk-Show mit Haider unter der Moderation des ehemaligen Spiegel-Chefredakteurs Erich Böhme am 6. 2. 2000 in Berlin können auch deutsche Zuseher gut nachvollziehen, wie das in Österreich seit Jahren funktioniert. Der erste Faktor für den erfolgreichen Durchmarsch von Jörg Haider war die Selbstüberschätzung der etablierten Autorität. Böhme hatte Tage vor der Show angekündigt, er werde Haider in Berlin »entzaubern«. Eine ähnliche Selbstüberschätzung der siegesgewohnten älteren Platzhirsche hatten wir in Österreich seit Jahrzehnten. Eine Reihe von Originalzitaten, mit denen man Haider hätte dingfest machen können, z. B. Haiders Bezeichnung »Buschneger« für ausländische Ärzte oder die Behauptung seiner Justizsprecherin, Schwarzafrikaner seien »von Natur aus ganz besonders aggressiv«, waren aus Österreich zwar zugesandt worden, im Stapel der Moderatorenzettel aber offenbar wieder verloren gegangen. Bei den wenigen Konfrontationen während der Talk-Show konnte sich Haider herausreden. Ein Zitat aus dem Jahre 1959, das Böhme Haider vorhielt, konnte nur falsch sein, weil Haider da noch ein Kind war. Haider bekam die Lacher auf seine Seite. Die drei anderen älteren Herren – eine Frau hatte man nicht eingeladen – waren kaum minder hilflos.

Ralph Giordano lief gleich zu Beginn in die Beziehungsfalle, als er sich in langen Ausführungen über Haiders großen Charme erging, der ihn offenbar überraschte. Er war diesem schon erlegen, als er dann Haider bescheinigte, immer nur ein »kleiner Bösewicht« bleiben zu müssen, nie ein »großer Bösewicht« werden zu können. Die Bezeichnung »Zwangsdemokrat«, welche Giordano später von dem autoritären (nur taktisch demokratisch agierenden) Franz-Josef

Strauss auf den Österreicher übertrug, konnte Haider überhaupt nicht treffen. Er begann vom Thema ablenkend und so, als hätte er nicht verstanden, über die von ihm immer schon kritisierte »Zwangsmitgliedschaft« bei den österreichischen Kammern (Arbeiter- und Wirtschaftskammer) zu erzählen. Giordano verließ, warum auch immer, vorzeitig die Gesprächsrunde. Nachdem der Moderator Böhme das Eigentor mit dem Haider-Zitat aus dem Jahr 1959 gelandet hatte, steigerte sich seine Hilflosigkeit. Die ironische Freundlichkeit, mit der er die Diskussion eingeleitet hatte, wirkte im weiteren Verlauf, nach der gescheiterten Attacke, wie eine Anbiederung und Annäherung an den stärkeren Duell-Gegner. Schließlich ließ sich Böhme sogar von Haider nach Kärnten einladen. Freimut Duve, Medienbeauftragter der OSZE, versuchte sich dem Charme Haiders durch ein starres Geradeaussehen zu entziehen sowie durch das Eingangsstatement, dass er an der persönlichen Kommunikation mit einem Medienstar eigentlich nicht interessiert sei. Das gelang einigermaßen. Duve war es auch, der Haider mit der Interview-Aussage seines FPÖ-Spitzenkandidaten Prinzhorn konfrontierte, dass Ausländer in Österreich Gratishormone bekämen, damit ihre Fortpflanzung gesteigert würde. Als Haider daraufhin schlichtweg log, Prinzhorn habe das nie gesagt, und wenn er das gesagt hätte, müsse er längst aus der FPÖ ausgeschlossen worden sein, war niemand von den Kontrahenten so gut vorbereitet, den entsprechenden Zeitungsausschnitt aus den »Stuttgarter Nachrichten« oder einen eindeutigen Videomitschnitt aus dem ORF vorzuzeigen. Prinzhorn hatte im ORF im Herbst 1999 zunächst seine Aussage trotzig bestätigt und dann noch einmal in der FPÖ-üblichen Weise halbherzig bedauert (vgl. ausführlicher Kapitel 5). Das schlichte Insistieren auf dem Wahrheitsbeweis scheint zur Logik von österreichischen oder deutschen Talk-Shows nicht zu passen. Es geht offenbar viel mehr um die Eloquenz, die Eleganz und den Charme, mit dem die

Kontrahenten in solch einem »Duell« die Klingen kreuzen. Dem Sieger in dieser ästhetischen Disziplin fliegen die Herzen zu. Interessanterweise war der CSU-Landesgruppenchef Glos, der vierte anwesende Diskussionsteilnehmer in jener Talk-Show, noch am resistentesten gegen den Charme des österreichischen Polit-Stars. Es war kaum Verwirrung oder Anbiederung zu spüren. Wahrscheinlich deswegen, weil die Nähe- und Identifizierungswünsche des bayerischen Politikers immer noch voll und ganz durch die posthume Bindung an das Idol Franz-Josef Strauss abgedeckt werden. Im Vergleich zu diesem erschien Haider wie ein uninteressantes kleines Licht.

3. Der Bierzelt-Sozialist und die symbolische Überwindung der Klassengesellschaft

Während Haider Anfang der 90er Jahre noch deutlich ein unternehmerfreundliches, liberalistisches Wirtschaftsprogramm vertrat und ein vehementer Verfechter der Privatisierung staatlicher Funktionen und staatlichen Eigentums war (z. B. in der österreichischen verstaatlichten Industrie), hat sich in den letzten Jahren sein politisches Werben immer mehr auf die Arbeiter und kleinen Angestellten, die früheren Stammwähler der SPÖ, verlagert. Ein Beispiel: Im Frühjahr 1995 gab es in Österreich die Pleite des »Konsum«, der als Genossenschaft eine traditionsreiche Einrichtung der sozialistischen Kultur und Wirtschaft in Österreich war. Während im Nationalrat über die finanziellen und sozialen Folgen der Pleite diskutiert wurde, verschwendete Jörg Haider keine Zeit. Er kam auf die Idee, in Begleitung von Journalisten und Kameras durch Wiener Konsumfilialen zu gehen, um dort den Angestellten seinen Beistand zu bekunden. Die TV-Interviews mit den überraschend Besuchten vermittelten dem Zuschauer, dass sich Arbeiter und Angestellte endlich in ihren Nöten als »kleiner Mann« oder »kleine Frau« verstanden fühlten – von einem Politiker, der nicht so arrogant und distanziert wirkte wie die meisten Vertreter der »Altparteien«. Die Angst vor Arbeitslosigkeit unter den Berufstätigen hat Haider immer wieder aufgegriffen, als er in einfachen Rechnungen die Anzahl der Arbeitslosen der Anzahl der Ausländer in Österreich gegenüberstellte. Wähleranalysen zeigen, wie es Haider Schritt für Schritt gelang, die Arbeiterschichten zu seinen Wählern zu machen. Von den jüngeren Arbeitern (unter dreißig) wählten bei den Nationalratswahlen im Oktober 1999 60 % die FPÖ. Nur 26 % wählten noch die SPÖ. Haider bezeichnete sich selbst als Nachfolger von Sozialisten wie Victor Adler und Bruno

Kreisky. Die jetzigen Sozialisten und Gewerkschaftler seien Verräter an ihrer Klientel.

Bei den Wahlkämpfen im Jahr 1999, der Kärntner Landtagswahl und der Nationalratswahl, war die arbeiterbezogene Inszenierung besonders gut sichtbar. Haider war in Broschüren und auf großen Plakaten in körperlichem Kontakt mit einer Gruppe von Arbeitern zu sehen, die blaue Arbeitsanzüge und Arbeitshelme tragen. (Abb. 17) Je nach Region findet sich dann meist noch ein FPÖ-Lokalpolitiker in der Reihe dieser herzlich miteinander verbundenen Menschen. Darunter stehen die Vornamen der Abgebildeten, z. B.: »Peter – Erich – Jörg – Andrea – Bernhard – Hilmar«. Der Slogan lautet: »Wir haben die Lösung: Steuern senken – Arbeit schaffen. FPÖ«. Der erste Teil war offenbar einem damals sehr verbreiteten Waschmittelwerbespot für »Dixan-Megaperls« nachempfunden. Die beliebte TV-Moderatorin Vera Russwurm verdiente sich ein Zubrot mit dem Slogan: »Sie haben die Flecken – wir haben die Lösung!« In detaillierten Rechnungen wurde in den Broschüren der FPÖ anhand von konkreten, auch fotografisch vorgestellten Arbeitnehmern vorgeführt, wie ihnen eine FPÖ-Regierung nach den Wahlen eine Steuerersparnis von bis zu 5.367 Schilling monatlich zukommen lassen würde. Trotz der Wahlerfolge der FPÖ ist inzwischen nichts von alledem realisiert worden. Die »Flat-Tax« war nur ein schöner Gedanke. Stattdessen hat die neue schwarz-blaue Regierung für alle ÖsterreicherInnen einen Selbstbehalt von 20 Prozent bei den Arzt- und Gesundheitskosten vorgeschlagen, was insbesondere für die sozial schwachen und gesundheitsgefährdeten Gruppen eine massive Einkommenseinbuße darstellen würde.

Wie gelingt oder gelang es Haider, sich als der bessere Arbeiterführer und zuverlässige Kumpel darzustellen?

Zum einen wurde die Angst vor Arbeitslosigkeit mit den Ausländern verkoppelt, mit denen die FPÖ aufzuräumen verspricht. So versuchte Haiders Statthalter in Kärnten, der

Abb. 17

damalige Landeshauptmann-Stellvertreter und Hochbaureferent Karl-Heinz Grasser (jetzt Finanzminister in Wien), per Dekret, solche Baufirmen von öffentlichen Aufträgen auszuschließen, die mehr als einen bestimmten Prozentsatz von Ausländern beschäftigten. Haider setzte werbewirksam noch eins nach, indem er davon sprach, dass man ja an Kärntner Baustellen fast nur noch Ausländer »bis hin zu Schwarzafrikanern« beobachten könne. U. a. durch Richtigstellungen und Proteste der Bauwirtschaft konnte das Dekret verhindert werden.

Zum anderen ist es der Politiker »zum Anfassen« für die Arbeiter und Angestellten, welcher in einer Welt der Ausbeutung und Entfremdung die Illusion einer bevorstehenden »Short-Distance-Society« (Johan Galtung) verbreitet. Im Bierzelt, im Lokal oder auch beim Betriebsbesuch können alle zu Haider »Jörg« oder nach Bedarf auch »Jörgl« sagen. Wenn er einen duzt, auf die Schultern klopft oder das Bierglas hebt, scheint es vergessen, dass in der österreichischen Gesellschaft das Kapital, der Grundbesitz und manchmal auch die akademischen Titel regieren. Die Kumpel-Inszenierung von Jörg Haider, der passenderweise Multimillionär, Großgrundbesitzer und Doktor zugleich ist, stellt die symbolische Aufhebung der Klassengesellschaft dar. Die notwendige Wahrnehmungstrübung und Begeisterung, die man braucht, um der Inszenierung zu glauben, kann im Wirtshaus und anderswo durch ein paar Gläser Bier erleichtert werden. Die kolportierte Trinkfestigkeit und Geselligkeit des Idols verstärkt wiederum seine Glaubhaftigkeit als Freund des »kleinen Mannes«. (Abb. 18)

Es muss nicht immer Bier sein, auch Kaffee oder Most kann man in der Fantasie seiner Anhänger mit Haider trinken. Ich zitiere aus der Studie, die zwei junge Kolleginnen 1999 mit einem männlichen Haider-Fan gemacht haben (Susanne Tatjana Sleik/Carmen Mertlitsch). Tatjana Sleik hat ein Interview mit »Gerhard« geführt:

»Gerhard: ... Und ich und die Hanni (seine Frau) fahren jetzt runter (ins Bärental) zu ihm, gell Hanni? Wir fahren runter, ja wir fahren runter zu ihm. Ja was denn dann. Wir fahren zu ihm. Frag uns, wir zwei fahren zu ihm runter. Ja, hab ich Ja gesagt, oder? – Und dann gehen wir schauen. Die Frau (offenbar Haiders Gattin) ist lässig und super.

Interviewerin: Was habt ihr dort vor?

Gerhard: Ja, wir gehen zu ihm Kaffee-Saufen. Schauen, ob er einen Most hat. Und ich führe mit ihm Fachgesprä ... Ich werde ihm auch sagen, was mir nicht so getaugt hat an ihm. Es gibt ein paar Sachen, die mir nicht so getaugt haben bei ihm. Na, kein Problem. Er ist super, er ist zugänglich und alles.

Interviewerin: Hört er zu, wenn man ihm erklärt, was einem an ihm nicht gefällt?

Gerhard: ... Eigentlich schon. Ja, eigentlich schon. Im vollen Ernst, im vollen Ernst. Du kannst mit dem ... hingehen, gell Hanni. Und er tut nicht blasiert und hat keine Zeit.«

Bei unserer Studie, die 1992 erschien, waren wir bereits überrascht von den vielen Gesprächspartnern aus dem Arbeiter- und Bauernmilieu, die Haider voller Begeisterung als »Kumpeltyp, wo man hinkommen kann und dem man Probleme vorsagen kann« oder als Freund, der »auf niemanden

Abb. 18

herunterschaut«, beschrieben. Unser junger Gesprächspartner Viktor zum Beispiel erhoffte sich von Haider, »dass der Facharbeiter nicht als zweitklassiger Mensch degradiert werden soll ... weil man kann genauso Erfolg haben als wie ein Studierter oder ein Doktor«.

Natürlich wäre Haiders Erfolg auf diesem Terrain ohne den Niedergang der sozialistischen Kultur kaum denkbar. Aber warum fantasieren sich die »kleinen Leute« so hartnäckig als seine Freunde? – Eigentlich müssten sie wissen, dass es nicht ungefährlich ist, zu Haiders Freunden zu gehören. Wenn man liest, mit welcher Verbitterung über die ihnen angetanen Demütigungen sich frühere Freunde und Förderer von Haider (z. B. sein »Ziehvater« Mario Ferrari-Brunnenfeld oder seine »Ziehmutter« Kriemhild Trattnig) geäußert haben, müsste einem ein Licht aufgehen.

Haider bietet den österreichischen Arbeitern und Berufstätigen ein schönes, illusionäres Selbstbild an. Sie alle sind von morgens bis abends die »Anständigen und Fleißigen«, und Haider ist der »Anwalt aller Anständigen und Fleißigen«, während draußen, in Gestalt dunkler Figuren, Faulheit und Arbeitsunwille herumlungern. Eine der ersten Regierungsmaßnahmen war dementsprechend auch die Einführung einer Art von Arbeitsdienst für Arbeitslose unter dem schönen Namen »Bürgergeld«. Diese Spaltung in Faule und Fleißige ist eine Scheinlösung für einen Identitätswiderspruch, unter dem im Kapitalismus und in einer entfremdeten Arbeitswelt alle Lohnabhängigen leiden. Jeder Arbeiter hat in sich einen mit dem Arbeitsinhalt und der Leistung identifizierten Teil (um dessen willen ihn der Unternehmer ja angestellt hat) und einen anderen Teil, der auf die Gefahr der Überausbeutung und Gesundheitsgefährdung mit einer gewissen Arbeitskraftschonung und Leistungsbremsung antwortet. Eine gewisse Gleichgültigkeit und distanzierte »Job-Einstellung« sichert auch für den Fall der Entlassung das psychische Überleben. Früher haben noch funktionierende Betriebsräte und Gewerkschaften dafür gesorgt, dass das Ausbalancieren dieser beiden Identitätsanteile nicht zu einem ruinösen Ellenbogenkampf um die kurzfristige Gunst beim Chef geriet. Heute steht das Recht auf Kollektivverträge, z. B. durch das neuverkündete Regierungsprogramm von Schwarz-Blau, immer mehr in Frage. Die Arbeiter sind dazu verdammt, jene Identitätsbalance ganz individuell und unter Umständen selbstdestruktiv zu leisten. Das menschliche

»Recht auf Leistungszurückhaltung« gibt es nicht mehr. Stattdessen werden draußen die »Tachinierer« in Gestalt von Frührentnern, Ausländern, vielleicht auch einzelnen KollegInnen des Betriebs, verfolgt. Der Wunsch nach »viel Geld für wenig Arbeit«, für jeden Unternehmer Grundprinzip und Motor unserer Wirtschaft, soll den Arbeitern nicht erlaubt werden. Stattdessen sollen sie sich ihrer Müdigkeit und des manchmal aufkommenden Arbeitsunwillens ordentlich schämen und jetzt auch noch ein paar Jahre später in Pension gehen. Was sie dafür bekommen, sind die großen Komplimente, ein emporhebendes Gemeinschaftsgefühl unter dem »Anwalt aller Anständigen und Fleißigen« und das Angebot, mit ihm auf Sozialschmarotzerjagd zu gehen. Das Wort »Sozialschmarotzer« ist eigentlich eine unerträgliche Dehumanisierung von Menschen. Dass es in den letzten Jahren aber nicht nur von der FPÖ, sondern auch von anderen Politikern und den Medien immer mehr als selbstverständlicher Teil des Diskurses verwendet worden ist, zeigt nur den Niedergang der Arbeitnehmer-Kultur und den Grad der Verfolgungsbereitschaft an, an welche Haider verstärkend anknüpft. Hier wäre mehr Ehrlichkeit wirklich befreiend und zudem eine Maßnahme der Gesundheitsförderung. Vor allem für diejenigen, die, wenn es ihnen zu viel wird, nicht einfach auf den nächsten Viertausender oder Tennisplatz entweichen können. Ohne diese Ehrlichkeit droht innerbetrieblich, aber auch gesamtgesellschaftlich eine immer stärkere Stimmung des Mobbing gegen Leistungsschwache.

Bei der Fantasie vom Super-Kumpel Jörg Haider (Abb. 19) ist aber wahrscheinlich noch ein anderer unbewusster Mechanismus mit im Spiel, über den man schwer reden kann. Psychoanalytisch würde man ihn eine »Identifizierung mit dem Angreifer« nennen. In einer Schulklasse kann es zum Beispiel beruhigend sein, den aggressivsten Angeber und Rädelsführer zum Freund zu haben. Dann trifft es – jedenfalls vorläufig – nur die anderen. Der Unterwerfungsreflex ist natürlich etwas peinlich und wird vor dem Selbstwertgefühl verborgen. Schließlich will ja niemand ein »Arschkriecher« sein. Die Kumpelfantasie ermöglicht das projektive Ausleben der Aggression, bindet die Angst und schafft Zugehörigkeit.

Nur selten wird der weit verbreitete Unterwerfungsreflex öffentlich angesprochen. Ein Journalist der »Kleinen Zeitung« getraute sich immerhin, folgenden, im Februar 2000 kursierenden, Witz zu berichten: »Also, Viktor Klima und Wolfgang Schüssel treffen sich im Magen von Jörg Haider. Fragt der Viktor den Wolfgang: Na hat dich der Jörgerl auch gefressen? – Darauf der Wolferl: Nein, ich komme von der anderen Seite ...« (Kleine Zeitung, 27. 2. 2000)

Zur »Identifizierung mit dem Angreifer« trägt es auch bei, wenn die Führerfigur ein überraschendes Wechselspiel zwischen Bedrohung und Begnadigung beherrscht. Es ist herrlich, zu den Begnadigten zu gehören. Jeder weiß, dass es auch bei ihm etwas aufzudecken gibt, und seien es auch nur die kleinen Tricks bei der alljährlichen Steuererklärung. Bei höheren Funktionsträgern gibt es schon größere Privilegien, über deren Legitimität man streiten kann. Haider schafft es, kritische Journalisten mit blitzschnellen Hinweisen auf die vielleicht jetzt nicht mehr selbstverständliche staatliche Presseförderung für ihr Organ oder auf mögliche Gehaltsprivilegien zu verunsichern. (In der ORF-Sendung »Zeit im Bild 2« am 22. 2. 2000 wurde z. B. der Redakteur Johannes Fischer auf diese Art bedroht.) Manche Betroffenen sind froh, wenn kurz danach wieder Freundlichkeiten ausgetauscht werden und Haider die Attacke (vorläufig) einstellt. Haider erweckt den Eindruck, für jeden die passenden Daumenschrauben parat zu haben. In seinem direkten politischen Umfeld dürften sich ähnliche Dinge abspielen. Haider hat offenbar auch die von modernen Managementberatern verkündete Weisheit entdeckt, dass frühere Feinde oft anhänglicher und

Abb. 19

brauchbarer sind als unbedeutende Freunde. Er ist hier demonstrativ großzügig. Auch völlig Unschuldige können zur Produktion des Images vom großmütigen Freund blitzschnell missbraucht werden. Als Haider sich die Fresken des von der FPÖ zuvor als »Fäkalkünstler« verunglimpften Cornelius Kolig anschauen kam, machte Kolig den Fehler, Haider die Hand zu geben. Sofort war ein Fotograf zur Stelle, und es war von einer Versöhnung mit dem früheren Feind die Rede.

Wenn sich die einfachen Arbeiter und Angestellten erhofft hatten, dass mit der Regierungsbeteiligung der FPÖ jetzt die Super-Kumpel unterwegs sind, dass nicht mehr »von oben herab« regiert wird und dass jetzt die Einkommensunterschiede geringer werden, so gab es schon im Februar 2000 einige Enttäuschungen. Der FPÖ-Finanzminister wollte von der Verlautbarung seiner Partei, dass ihre Mandatare aus öffentlichen Ämtern nicht mehr als 60.000 Schilling netto beziehen dürften, nichts mehr wissen. Schließlich habe er als Manager bei dem austrokanadischen Industriemagnaten Frank Stronach ein Vielfaches verdient. Und ein FPÖ-Justizminister, der darauf bestand, einen Jaguar als Dienstwagen zu bekommen, trug auch dazu bei, das Image der »besseren Arbeiterpartei« zu unterminieren. Haider hat in diesem Zusammenhang zumindest klarstellen müssen, dass die Einkommenbegrenzung auf 60.000 Schilling ohnehin nie für Einkommen aus Privatbesitz gegolten habe. Mit seinem Rücktritt vom Parteivorsitz der FPÖ und von der direkten Verantwortung für das, was seine Minister in Wien aufführen, schützt Haider seine pseudosozialistische Kumpelinszenierung vor den Verunreinigungen durch die Realpolitik.

4. Der das Erbe antritt – die stabile Identifizierung mit der »Kriegsgeneration«

Die bisher behandelten Inszenierungen von Haider werden sehr flexibel gehandhabt und es werden auch manchmal, wie bei einem Chamäleon, umweltbedingt noch ganz andere Kostüme ausprobiert. Der Euro-Yuppie war nur Anfang der 90er Jahre aktuell, der »amerikanische Elite-Student« wird nur gelegentlich hervorgeholt. Bei alledem gibt es aber doch im Hintergrund eine stabile und grundlegende rechtsextreme Teilidentität, die aus Haiders Identifizierung mit der »Kriegsgeneration«, den deutschen Soldaten und ihren Familien, inklusive der Waffen-SS, resultiert. Mit dieser Teilidentität oder Identifizierung kann Haider überhaupt nicht flexibel und kontrolliert umgehen, sie beherrscht und verfolgt ihn. Die rechtsextreme Teilidentität ist eine bedrohliche Realität, obwohl sich die meisten Haider Anhänger und Bagatellisierer lange viel Mühe gegeben haben, sie hinter den lauten und bunten Vorderbühnen-Aufführungen des Robin Hood, des Sportlers und des besseren Sozialisten möglichst nicht deutlich zu sehen. Wo sie doch zu deutlich wurde, wurden rasch die Nebelwände des »Dementis« und des »Lügens« (vgl. Kapitel 5) aufgezogen und allzu gerne akzeptiert.

Haider hat materiell und psychologisch das Erbe der Kriegs- und Nazi-Generation angetreten. Materiell hat er es dadurch angetreten, dass er sich ohne sichtbare Skrupel über seinen Onkel Webhofer das von den Nazis »arisierte« Land- und Forstgut »Bärental« schenken ließ. Zum aktuellen Stand der Auseinandersetzung um das Bärental sei hier aus einem für Kärntner Verhältnisse sehr mutigen Artikel des Journalisten Jochen Bendele aus der »Kleinen Zeitung« vom 12. Februar 2000 zitiert:

»Schatten der Vergangenheit liegen auf dem Bärental. Jüdische Familie kämpft dagegen, dass Haider vom enteigneten

Besitz profitiert. Haider ortet grenzenlosen Hass mancher Linker. (…) 1939 verkaufte die jüdische Besitzerin Mathilde Roifer das 1.600 Hektar große Wald- und Jagdgebiet an den Urgroßonkel Jörg Haiders. ›Meine Mutter wurde auf Grund der Nürnberger Rassengesetze dazu gezwungen‹, sagte die bei Haifa lebende Noemi Merhav (73) und kündigte eine Restitutionsklage an, um das Bärental zurückzubekommen. Ihr Hauptargument: 1953 sei ihrer Mutter der Einblick in die Dokumente verweigert worden. ›Dadurch konnte sie nicht nachweisen, dass der ohnehin schon rechtswidrige Zwangsverkauf ohne gültige Vollmacht durchgeführt wurde.‹ So habe sich ihre Familie 1954 mit 120.000 Dollar, dem Ertrag von drei Jahren, abspeisen lassen. Heute wird der Besitz auf 200 Mio. Schilling geschätzt. (…) Nach dem Krieg entdeckte sie (die Mutter), dass die NS-Regierung eine von ihr hinterlassene Verkaufsvollmacht dazu missbraucht hatte, das Bärental einzuziehen und billigst an Haiders Urgroßonkel zu verkaufen. Die Vollmacht war aber nur auf einen angemessenen Verkauf ausgestellt. Mathilde Roifers Tochter Noemi Merhav und ihr Bruder wollen nicht akzeptieren, dass ausgerechnet Haider als Erbe von dem eingezogenen Besitz ihrer jüdischen Familie profitiert. Haider hat im ORF auf die Klage reagiert: die Zahlung einer riesigen Summe (der 120.000 Dollar) sei nicht zu wenig gewesen, der Vergleich habe alle zufrieden gestellt; ›damit ist die Sache in Ordnung‹. Die Klage sei ›aus der politischen Situation geboren, weil in dem grenzenlosen Hass, der von manchen Linken geschürt wird, halt jetzt alles versucht wird.‹ Dabei setzt sich die ÖVP/FPÖ Koalition durchaus für Reparationen ein: wenn es um Kriegsgefangene, Zwangsarbeiter oder Opfer der Beneš-Dekrete geht.«

Das dem Artikel beigefügten Foto (Abb. 20) zeigt Jörg Haider als stolzen Grundbesitzer in ruhigeren Zeiten, als die Herkunft seines Besitzes aus einem »Arisierungs«-Vorgang zwar bekannt war, aber in Österreich nicht wirklich zu Empörung führte. Es gab offenbar einen auch von den beiden

Abb. 20 »Offensichtlich unbelastet präsentierte Haider 1992 seine Besitzungen«.

großen Parteien geteilten Konsens, die Frage des arisierten Vermögens in Österreich nicht hochzuspielen. Zu viele einflussreiche Leute wären gestört worden. Der englische Historiker Robert Knight veröffentlichte 1988 Auszüge aus den Wortprotokollen der österreichischen Bundesregierung von 1945 bis 1952, aus denen hervorgeht, dass es die Absicht gab, angesichts einer befürchteten Rückkehr der Juden und einer »jüdischen Ausbreitung überall in Wien«, die Entschädigungen der Enteigneten »in die Länge zu ziehen« (R. Knight: »Ich bin dafür, die Sache in die Länge zu ziehen«, Frankfurt a. M. 1988). Es ist kein Wunder, dass die rechtmäßige Besitzerin des Bärentals 1953 in Klagenfurt auf taube Ohren stieß. Die Bärental-Affäre ist ein Beispiel dafür, dass das Haider-Phänomen nur vor dem Hintergrund der eigenartigen Toleranz, Schlampigkeit und wohl auch Hinterhältigkeit zu verstehen ist, mit der in der österreichischen Nachkriegsgesellschaft bis in die jüngste Zeit hinein das Thema Nationalsozialismus und Wiedergutmachung behandelt worden ist. Die Österreicher betrachteten sich bekanntlich lange Zeit als Opfer des Nationalsozialismus und nicht als die Kriegsgewinnler und Mittäter, die viele von ihnen in Wirklichkeit waren. Der Österreicher-Anteil an den verbrecherischen Einsatz-Gruppen war sogar überproportional hoch.

Nachdem »Haider« und »Bärental« immer mehr miteinander identifiziert wurden – man nannte Haider auch den »Bärentaler« –, kam man in der FPÖ auf den genialen Gedanken, den Bären – ganz im Sinne unserer heiter-gedächtnislosen Konsumgesellschaft – einfach zum Wappentier und Plüsch-Maskottchen des Parteichefs zu machen. Tausende kleiner Teddybären wurden verteilt, »Bärenfeste« wurden veranstaltet und auf Wahlveranstaltungen liefen Leute im Bärenkostüm umher. Haider ließ sich furchtlos mit dem Joghurt essenden Braunbären Kenny fotografieren. Bär und und Bärental sollten Symbole des Vertrauens und des Selbstbewusstseins sein und nicht etwa mit irgendeinem historischen Unrecht assoziiert werden. (Abb. 21 und 22)

Haider hat auch psychologisch das Erbe – den intergenerationellen Auftrag – der »Kriegsgeneration« oder »Soldatengeneration« angetreten. Er ist in viel höherem Ausmaß, als es zunächst erscheint, ein abhängiger, ein noch nicht autonom gewordener, autoritär gebundener Sohn. Am 7. 10. 1990, auf dem ersten Höhepunkt seiner Macht als Kärntner Landeshauptmann, hielt er am Ulrichsberg, wo sich alljährlich Soldaten der Wehrmacht und ehemalige Mitglieder der Waffen-SS aus ganz Europa samt ihren Familien und Sympathisanten treffen, eine Rede, die deutlich seine übernommene Rolle zeigte. Als eine Art kollektiver Familientherapeut und Sohn erteilte er so großzügig Absolution, wie es eigentlich nur einer religiösen Autorität oder Jesus selbst zustehen würde:

»Und so ist es an uns (...) und vielleicht gerade auch an mir als einem Vertreter der noch jüngeren Generation, der es erspart geblieben ist, diese fürchterlichen Ereignisse der kriegerischen Auseinandersetzung selbst miterleben zu müssen, einmal hier festzuhalten, dass diese Soldatengeneration nicht

Abb. 21

nur nach 1945 in ganz Europa eine großartige Aufbauarbeit geleistet hat, sondern endlich, endlich einmal davon freigemacht werden muss, dass ständig die falsche Geschichtsschreibung den Eindruck zu erwecken versucht, als gäbe es so etwas wie eine kollektive Schuld der Soldaten. (Beginn Applaus) Kollektive Schuld gibt es nicht! (Applaus Ende)«

Mir ist kein namhafter österreichischer Historiker bekannt, der die These einer kollektiven Schuld vertritt. Der Popanz von der »kollektiven Schuld« dient Haider nur dazu, dann umgekehrt die bemerkenswerte These einer »kollektiven Unschuld« aufzustellen. Die Rede fährt fort:

»Unsere Soldaten waren nicht Täter, sie waren bestenfalls Opfer, denn die Täter saßen woanders und haben zu keiner Zeit der historischen Entwicklung im zwanzigsten Jahrhundert jenen Mut, jene Tapferkeit, jene Ehre aufbringen müssen, die die Soldaten im grauen Feldrock draußen an der Front täglich zu beweisen hatten! Diese Soldatengeneration hat wahrlich für ihr Vaterland Treue, Tapferkeit und Liebe zu-

Abb. 22

rückgebracht, wie es am Ulrichsberg festgeschrieben ist. Diese Soldatengeneration hat sich nichts vorzuwerfen.«

Die Schuld wird pauschal nach draußen verschoben, »denn die Täter saßen woanders«. Man darf sich nur noch fragen, ob diese rätselhaften Täter vielleicht Churchill und

Stalin waren, die Haider einmal als die von ihm am meisten verachteten Politiker dieses Jahrhunderts bezeichnet hat, oder vielleicht doch Hitler und seine Helfer, die nirgends erwähnt werden. Auch diejenigen unter den alten Damen und Herren im Publikum, die noch an die jüdische Weltverschwörung glauben, können hier aus vollem Herzen applaudieren. Die Sätze von Haider sind aus jeder möglichen Perspektive völliger Unsinn, weil es ein menschliches Handeln ganz ohne Schuld schon im Alltagshandeln von Erwachsenen nur äußerst selten gibt (fast immer gibt es Opfer- und Täteraspekte, mit denen wir uns auseinandersetzen müssen). Um wie viel unwahrscheinlicher ist dann eine reine Opferrolle bei Mitgliedern einer Nation, die einen Eroberungskrieg geführt hat. Haiders Äußerungen machen nur psychodynamisch, als Teil eines zweifelhaften therapeutischen Programms und Wunschdenkens, einen Sinn.

Haider ist offensichtlich angetreten, um die Mitglieder der »Kriegsgeneration« kollektiv zu rehabilitieren. (Abb. 23) Am Ulrichsberg und anderswo sollen sie »ihr Selbstgefühl zurückerhalten« (Haider). Schuld- und Schamgefühle sollen schwinden, der zweifelhafte Kampf und die Opfer doch noch einen Sinn erhalten. Der Sinn liegt im damals schon angestrebten Verschwinden des Kommunismus. Die politische Situation um 1990, als Mauern und Eiserner Vorhang fielen, wird von Haider als rückwirkender Beweis für die Sinnhaftigkeit des alten Projekts interpretiert:

»Eure Opfer werden erst in den nächsten Jahren in das richtige Licht gerückt werden, weil an der Gesamtentwicklung dieses Europa deutlich gemacht wird, dass die Grundlage von Euch für Frieden und Freiheit gelegt wurde. Mit der Wiedervereinigung Deutschlands ist ein erster Schritt gesetzt worden. (...) Dafür haben Sie gekämpft, dafür hat auch Ihre Generation sehr viel gegeben. Dafür musste auch Ihre Generation auch nach dem Ende des Zweiten Weltkriegs sehr viel einstecken.«

Und damit niemand auf die Idee kommt, vielleicht doch einige in Schuld Verstrickte unter den versammelten ehemaligen Wehrmachtssoldaten, Nazi-Funktionären und SS-Leuten zu vermuten, greift Haider noch einmal seine These von der kollektiven Unschuld auf:

»Und es ist vielleicht auch an der Zeit, hier klarzustellen, dass in der Zukunft auch die junge Generation und jene, die die Verantwortung in Europa zu tragen haben, gut beraten wären, wenn man nicht zwischen guten und schlechten Soldaten der älteren Generation unterscheiden würde.«

In unserem Buch von 1992 haben wir diese außergewöhnlich lange Haider-Rede, die offensichtlich alles andere als ein unbedachter »Ausrutscher« ist, sehr genau analysiert. Manchmal dachten wir, dass wir zu sehr »das Gras wachsen hören«, aber wir hatten bereits damals die These aufgestellt, dass Haider hier auch einen sehr persönlichen Auftrag aus seiner Familiengeschichte erfüllt. Uns war vage bekannt, dass Haiders Vater ein überzeugter Nazi und mittlerer Funktionär gewesen war, und Haider erschien uns in diesem Punkt wie ein klassischer Vertreter des in der Literatur beschriebenen »autoritären Charakters«, der den Vater idealisiert und seine eigenen Rebellionsimpulse permanent auf Außenfeinde verschiebt. Diese Außenfeinde haben dann typischerweise die Züge von schlechten und dummen Elternfiguren. In Haiders Fall hießen sie z. B. die »Altparteien« oder das »alte System«. Auf die Rebellion gegen den Vater oder die Eltern-Autorität, welche bei den meisten Adoleszenten unserer Kultur normal bzw. ein wichtiger Entwicklungsschritt ist, wird verzichtet, entweder weil die Autorität als sehr gefährlich und bestrafend, oder aber als sehr wackelig, gewissermaßen auf tönernen Füßen stehend, erlebt wird. Bei Haider hatten wir eine extreme Loyalitätsbindung an die Eltern und eine Pauschalidentifizierung mit deren politischem Herkunftsmilieu vermutet. Die Gruppen der einfachen Wehrmachtssoldaten, der frühen illegalen Nazis, der SS-Leute und Kriegsverbrecher

Abb. 23

werden als ineinander verschwommen betrachtet, eben als »Kriegsgeneration«. Der Nazi-Funktionär in der eigenen Familie kann dann an der geringeren Schuld – oder nach Haider sogar »völligen Unschuld« – der einfachen Soldaten »im grauen Feldrock« partizipieren. Als einige Zeit vor jener Rede der damalige FPÖ-Verteidigungsminister Friedhelm Frischenschlager den nach langjähriger Haft in Italien entlassenen SS-Kriegsverbrecher Reder mit einem Handschlag am Flughafen empfing und darüber eine heftige Diskussion entstand, meinte Haider, »jeder unserer Väter« hätte an der Stelle von Reder sein können. Und als sich Frischenschlager 1991 bei einem Besuch in Israel für den Handschlag mit Reder entschuldigte, erklärte Haider dies zu einer »unnötigen Fleißaufgabe«. Der für den Massenmord an Frauen und Kindern Verantwortliche sei eigentlich nur der »letzte Kriegsgefangene« gewesen.

Einige Zeit nachdem unser Buch erschienen war, gab es unverhoffte Bestätigungen für die These, wonach Haider – um in der Sprache der Familientherapie zu sprechen – ziemlich unfrei als ein »gebundener Delegierter« und »Rehabilitationsbeauftragter« seiner Eltern (auch die Mutter war Nazifunktionärin) auf der politischen Bühne Österreichs agiert.

Die Zeitschrift »Profil« fand im Sommer 1995 heraus, dass Robert Haider, der Vater von Jörg Haider, nach dem Zweiten Weltkrieg in ein nie abgeschlossenes Verfahren wegen der Ermordung eines österreichischen Exekutivbeamten verwickelt war. Der junge Robert Haider, ein früher illegaler Nazi, war beim Putschversuch der Nazis 1934 unter SA-Kommando vom bayerischen Exil aus mit einem Stoßtrupp auf österreichisches Gebiet vorgedrungen. In der Nacht vom 26. auf den 27. Juli kam es in der Mühlviertler Gemeinde Kollerschlag zu einem Kampf, bei dem der Beamte getötet wurde. (Vgl. Christa Zöchling: Haider. Licht und Schatten einer Karriere, Wien 1999, S. 30 ff.) Robert Haider musste 1945 wegen der Beteiligung an dieser Aktion um sein Leben fürchten. Er kam aber nur, wie viele andere Nazifunktionäre auch, in das Lager von Glasenbach, das von Jörg Haiders Mutter im Gespräch mit dem »Profil« als »dieses KZ« bezeichnet wurde. Später musste Robert Haider zusammen mit anderen Ehemaligen die von der SS in Ebensee hinterlassenen Leichenberge beseitigen. Die Mutter von Jörg Haider durfte als ehemalige Nazi-Funktionärin einige Zeit ihren Lehrerinnen-Beruf nicht ausüben. Erst Anfang der 50er Jahre, als Jörg Haider das Licht der Welt erblickte, ging es für belastete Familien in Österreich langsam wieder bergauf. Das politische Betätigungsverbot war aufgehoben worden, und neben der Partei der »Ehemaligen«, der VDU, bemühten sich auch die ÖVP und die SPÖ mit teilweise schamloser Direktheit um die neue Wählergruppe.

Man kann annehmen, dass der heranwachsende Jörg Haider sehr früh eines der typischen »begabten Kinder« (Alice Miller) wurde, das hochsensibel auf das reagiert, was sein erstes Publikum, nämlich Mutter und Vater brauchen. Diese Kinder spüren am viel zitierten »Glanz in den Augen der Mutter«, was sie tun müssen, um die Eltern aus den Gefahren des Selbstzweifels, der Scham, Schuld und Depression zu erlösen. Manche werden kleine Unterhaltungskünstler, manche setzen die gescheiterten Lebensprojekte der Eltern unter neuen Umständen in Szene. Die Tabuthemen der Eltern dürfen auf keinen Fall kritisch angesprochen werden, weil sonst die belebende Verbindung, der Halt und die Bewunderung für den kleinen Familienstar zerbrechen. Der Preis, den diese Kinder für ihr scheinbar gelungenes familientherapeutisches Projekt zahlen, ist oftmals eine lebenslange »narzisstische Fixierung« und Publikumsabhängigkeit. Solange sie sich im Einklang mit dem elterlichen Über-Ich und den bewundernden Blicken der verinnerlichten Eltern fühlen, wirken sie aber über weite Strecken für andere beneidenswert stabil, wie aufgeladen von einer unsichtbaren Batterie, die sie bei sich tragen.

Der Auftrag der Elternrehabilitation, die »unerledigten Geschäfte«, die damit zusammenhängen, und seine Gefallsucht in Bezug auf die »Soldatengeneration« lassen Haider oft unkontrolliert und wie unter Zwang agieren. Ohne jede äußere Notwendigkeit eilte er im Oktober 1995 bei einer geschlossenen Versammlung von ehemaligen Mitgliedern der Waffen-SS in Krumpendorf ans Mikrofon, um die Versammelten als »anständige Menschen« und Vorbild für die Jugend zu loben. Sie seien im Gegensatz zu anderen »ihrer Überzeugung treu geblieben«. Die Elterngeneration dürfe nicht beschmutzt werden, weil »ein Volk, das seine Vorfahren nicht ehrt, sowieso zum Untergang verurteilt« sei. Und wie um unsere familiendynamische These noch einmal zu bestätigen, fügte Haider gleich hinzu, dass »auch meine Eltern morgen wieder oben, am Ulrichsberg, sein werden, wie es zur Tradition gehört«. Haider ist zur Überwindung der Schamgefühle erzogen worden, die aus der Verstrickung der Elterngeneration in das Nazi Projekt resultieren könnten. Ebenso wie er ohne jeden sichtbaren Anflug von Scham seit Jahren seinen arisierten Bärental-Besitz nutzt, plädiert er gegenüber den SS-Leuten für ein Ende der Scham: »Aber uns (Haider und seine Eltern) beschimpfen sie eh schon, daher ist das völlig egal. Ist der Ruf erst ruiniert, lebt es sich ganz ungeniert.« Dafür reagierte der ORF umso schamhafter. Nachdem ihm das Amateurvideo vom Krumpendorf-Auftritt angeboten worden war, wollte er es nicht senden. Erst nachdem das deutsche Fernsehen den Streifen gezeigt hatte, entschloss man sich, auch den Österreichern die Wahrheit zuzumuten. Dieses Ereignis am Rande zeigt, wie stark die Selbstzensurkräfte in Österreich waren, und mutet wie ein Vorspiel dessen an, was sich in den letzten Monaten zwischen Europa und Österreich abgespielt hat. Ohne Spiegelung von außen droht in Österreich der Realitätssinn verloren zu gehen.

Die Liste von früheren Haider-Äußerungen, welche den Nationalsozialismus bagatellisieren oder rechtfertigen, ist lang. Sie reicht von den »positiven Seiten der nationalsozialistischen Beschäftigungspolitik« (1991) über die Bezeichnung der Konzentrationslager als »Straflager« (1985) bis hin zum Absingen des Nazi-Liedes »Wenn alle untreu werden« in illustrer Gesellschaft mit Burschenschaftlern und dem rechtsradikalen NDP-Chef Norbert Burger. Klar ist, dass Haider im Anschluss an das prägende Elternhaus das deutschnationale Milieu, die rechtsextrem eingefärbten Turnerbünde und die schlagenden Burschenschaften (»Ich bin Waffenstudent!«) niemals verlassen hat. Ein kurzer Ausflug in den liberalen Flügel der FPÖ (vor allem auf Wiener Ebene, nicht in Kärnten) war spätestens 1986 beendet, als Haider mit Hilfe der begeisterten Deutschnationalen in der Partei gegen den liberalen Norbert Steger putschte. »Sieg-Heil«-Rufe einiger Anhänger begleiteten die parteiinterne Machtübernahme.

Jeder von uns hat ein Recht auf sein persönliches Familiendrama und eigentlich auch darauf, dass dieses nicht in der Öffentlichkeit breitgetreten wird. Aber Haider selbst hat unaufgefordert immer wieder seinen elterlichen Auftrag, sein psychologisches Familienerbe in die politische Öffentlichkeit getragen. Er hat Österreich in eine große Psychodramabühne für seine eigene Familientherapie verwandelt. Das konnte er nur, weil viele österreichische Familien auf einem ähnlichen »unfinished business« in der Auseinandersetzung mit den Nazi-Eltern oder Großeltern sitzen. Haider bietet hier eine einfache Lösung, eine »Schiefheilung« für einen kollektiven Konflikt an. Die Integration der Alten und der Familien, die er verspricht, ist letztlich eine Pseudointegration, die auf Geschichtslügen und einer Idealisierung der Autorität beruht.

Die angebotene Scheinlösung in der Auseinandersetzung mit dem »Erbe« wäre noch relativ harmlos, wenn sie nicht mit einer Tendenz zur Wiederholung der Menschenverachtung und Gewalt verbunden wäre, welche der Nationalsozialismus in die Welt gesetzt hat. Die Identifizierung mit der Nazi-Generation lebt, wenn auch den Umständen angepasst und äußerlich modernisiert, in der Verachtung des Schwachen, Weichen und Weiblichen, in der Verachtung der Ausländer und in dem Hass auf unbequeme, »abartige Kunst« (FPÖ-O-Ton) in einer teilweise bewussten, teilweise unbewussten Weise weiter. Der Nationalsozialismus war der Höhepunkt des sozialdarwinistischen Fitness-Kultes, bei dem das Stärkere und Eigene über das Schwache und Fremde siegen soll. Heute ist eher eine heitere und konsumorientierte Variante des Sozialdarwinismus aktuell. Aber die Stärke wird wieder ästhetisiert und das Gewissen als »Political correctness« lächerlich gemacht. Je mehr das eigene Selbst, die eigene Familie und das eigene Volk idealisiert werden, desto dringender werden Sündenböcke gebraucht, an denen die eigenen Schattenseiten – und die der elterlichen Autorität – gnadenlos verfolgt werden.

Bevor ich in Kapitel 6 die Logik der Jagd auf Sündenböcke genauer behandle, sollen erst noch die Haider-typischen Vernebelungsstrategien angesprochen werden, die immer dann zum Einsatz kommen, wenn die rechtsextreme Identifizierung und Verfolgungsbereitschaft zu sichtbar geworden ist.

5. Folgenloses Dementi und Lügen, bis sich die Balken biegen

Im ersten Kapitel ist schon erwähnt worden, dass man Haider bis zu einem gewissen Grad das Lügen verzeiht, weil er an die archetypische Figur des Tricksters erinnert, der mit allen Mitteln die Mächtigen aufs Kreuz legen und die Riesen blenden darf. Auf dieser Grundlage hat Haider einen fast wasserdichten Umgang mit dem Problem der Wahrheit entwickelt, welcher seine Kritiker manchmal zur Verzweiflung bringt. Wenn der Erbe des Nationalsozialismus wieder einmal zu deutlich hervorgetreten oder die Menschenverachtung in der Haider-FPÖ wieder einmal sichtbar geworden ist, verfügt Haider über mehrere Möglichkeiten, mit denen er Nebelwände vor die aufscheinenden Konturen der Wahrheit schiebt.

Die erste rhetorische Figur, die nun schon viele hundert Male zum Einsatz gekommen ist, ist das Haidersche »folgenlose Dementi«, das der deutsche Sprachwissenschaftler Franz Januschek bereits 1990 herausgearbeitet hat. Erst macht Haider eine Äußerung, die seinen rechtsextremen Anhängern wegen ihrer Offenheit und Brutalität gefällt, dann wird diese Aussage dementiert. Der Fan-Club nimmt Haider dieses Dementi aber nicht übel, weil es als taktisches Zugeständnis an die lästigen »Gutmenschen« und ihren »Tugendterror« wahrgenommen wird. Die Gewalt des brutalen Sprachbildes hat trotz Dementi ihren Weg in den Raum des politischen Diskurses und den Fundus des Unbewussten gefunden. Die Negation im Dementi ist nur ein dünner Firnis über der Aggression. Die Psychoanalyse würde sagen: das Unbewusste kennt keine Negation. Hierzu ein Beispiel. Wenn ich den LeserInnen sage: »Es stimmt nicht, dass möglicherweise gleich ein grünes, schleimiges Monster mit roten Augen bei Ihnen zu Tür rein kommt und den Teppich vollkotzt«, dann ist das Bild und die kleine Geschichte vom Monster trotzdem da und verankert sich zumindest für kurze Zeit im Affektleben derer, die sie lesen. Eine Ekelreaktion oder ein Lacheffekt ist trotz der Negation möglich. Bei einer nachträglichen Negation, einem Dementi ist die Durchschlagskraft von affektiven Äußerungen in unser Unbewusstes hinein wahrscheinlich noch größer. Semper aliquid haeret – es bleibt immer etwas hängen. Dass es sich bei der hier beschriebenen rhetorischen Figur tatsächlich um die Strategie des »folgenlosen Dementis« handelt, ist auch daran abzulesen, dass Haider oft nur wenige Tage nach dem Abrücken von einer menschenverachtenden Äußerung gleich wieder eine macht, die in dieselbe Richtung geht. Er zeigt sich kalt lächelnd als Rückfalltäter.

In der allerletzten Zeit hat Haider unter dem Druck der Verhältnisse noch die Zusatzkunst des »Dementis vom Dementi« entwickelt. In einem Interview mit »Die Zeit« hatte er schon angekündigt, dass die ständige »Entschuldigerei« ein Ende haben müsse. Und für alle, denen Haiders erzwungene Entschuldigung in Bezug auf Respektbekundungen für die Waffen-SS (»für die mir zugeschriebenen Äußerungen«) noch zu deutlich im Ohr war, präsentierte er kürzlich eine Differenzierung, mit der nun doch auch wieder die alten Kameraden zufrieden sein dürfen:

»Gott sei Dank leben wir in einem Rechtsstaat, wo die individuelle Schuld das Entscheidende ist. Daher kann es nie die Waffen-SS als solches sein, sondern es können nur Einzelne sein, die verfehlt haben und verantwortlich sind.« (Die Welt , 6. 2. 2000)

War es also doch richtig gewesen, in Krumpendorf einigen hundert »Einzelnen« zu erklären, dass sie »anständig geblieben« und ein Vorbild für die Jugend seien? Aus diesem Wirrwarr kann sich jeder herausholen, was er für seine psychische Stabilisierung gerade braucht.

Während das folgenlose Dementi gewissermaßen augenzwinkernd erfolgt, ist die zweite Strategie, die des Lügens, bei Haider von beinharter Konsequenz. Man kann sie »Lügen, bis sich die Balken biegen« nennen. Ein Bedauern darf auf keinen Fall spürbar werden, weil es dem Gegner bereits zugestehen würde, dass er in irgendeinem Punkt Recht haben könnte. Ein Beispiel ist Haiders Reaktion auf die Vorhaltung von Freimut Duve in der bereits erwähnten Berliner nTV-Sendung am 6. 2. 2000. Duve hatte Haider auf das Zitat seines Spitzenkandidaten Prinzhorn über die angeblich bevorzugte Hormonbehandlung von Ausländern, abgedruckt in einem Interview mit den »Stuttgarter Nachrichten« vom 19. 9. 1999, angesprochen. Und Duve hatte gefragt, wieso Haider ausgerechnet diesen Menschen als Minister für die neue Regierung haben wollte. Das Zitat aus den Stuttgarter Nachrichten lautete im O-Ton:

»Wenn ein Asylant in dieses Land kommt, kriegt er vom Sozialamt Medikation, die der Inländer nicht bekommt, und zwar alles gratis. Er bekommt zum Beispiel Medikamente zur Hormonbehandlung, um die Fruchtbarkeit zu steigern, vom Sozialamt gratis. Das ist in Österreich chefarztpflichtig und wird ganz selten Inländern gewährt.«

Diese von Duve sinngemäß richtig zitierte Äußerung, welche in geradezu klassischer Weise den Potenz- und Fruchtbarkeitsneid gegenüber den Fremden mobilisiert, muss Haider in der Talk-Show auf deutschem Boden so gefährlich erschienen sein, dass er sich in Sekundenschnelle zum totalen Leugnen entschloss. Die Antwort war: »Wenn er das gesagt hätte, wäre er schon draußen aus der Partei!« Die deutschen Gesprächspartner waren zu schlecht munitioniert, um noch einmal nachzusetzen, und erlaubten Haider einen Themenwechsel. Dabei wusste jeder politisch einigermaßen Aufmerksame in Österreich, also auch Haider, zu diesem Zeitpunkt, dass die Aussage stimmte, weil sich Prinzhorn im Fernsehen noch einmal ausdrücklich und bestätigend auf seinen Vorwurf bezogen hatte. Am 22. 9. 1999 hatte er zum ORF gesagt:

»Ja, das stimmt. Der Artikel könnte noch ergänzt werden durch das Medikament. Das ist Purigon. Und ich habe auch gesagt, andere Medikamente werden gratis vergeben, nicht zuletzt die Pille, die Inländer nicht gratis bekommen. Und das sind Fakten, über die wir reden. Und ich finde, Fakten sind nie etwas Unehrenhaftes.«

Als einige Tage nach der deutschen Talk-Show der ORF in der Sendung »Zeit im Bild« die Haider-Lüge und die Prinzhorn-Äußerungen hintereinanderschnitt, gab sich der FPÖ-Chef empört. Der ORF würde manipulieren. Und am 8. 2. 2000 ließ er verlautbaren: »Es gibt keine Konsequenzen für Thomas Prinzhorn.« Prinzhorn, inzwischen stellvertretender Nationalratspräsident, griff nun eher zum Mittel des abschwächenden Dementis: »Da ich es so nicht gesagt habe, betrifft mich die Sache nicht.«

In derselben deutschen TV-Sendung vom 6. 2. 2000 war Haider auch gefragt worden, wie er einer Aussage des burgenländischen FPÖ-Obmanns Rauter gegenüberstehe, die in der Presseagentur APA so gemeldet worden war:

»Der FPÖ-Obmann kritisierte die Gratisvorstellungen des Spielberg-Films ›Schindlers Liste‹ für junge Burgenländer. Damit wolle man eine bestimmte Ausrichtung der Jugend erreichen.« (17. 4. 1994)

Haiders Antwort kam wie aus der Pistole geschossen: »So einen Politiker gibt es bei uns gar nicht!« (Allerdings hatte sein deutscher Kritiker den Vornamen von Rauter versehentlich von »Wolfgang« in »Walter« umgeändert.)

Das vorliegende Kapitel könnte leicht endlos werden. Ich möchte den Leserinnen und Lesern aber nur noch eine Geschichte präsentieren, die auch etwas über das Kärntner Lokalkolorit, den hier eingeschränkten Mut zum Widerstand aussagt:

In Klagenfurt findet alljährlich im Andenken an die Schriftstellerin Ingeborg Bachmann der »Bachmann-Wettbewerb«, eine öffentliche Lesung deutschsprachiger Schriftsteller, statt, bei dem man begehrte literarische Preise gewinnen kann, von denen einer vom Land Kärnten finanziert wird. Nach der Regierungsbeteiligung der Haider-FPÖ in Wien hatten die Erben von Ingeborg Bachmann ihre Absicht kundgetan, künftig aus Protest den Namen von Ingeborg Bachmann für die Klagenfurter Veranstaltung zu sperren. Haider war offenbar so gekränkt, dass er behauptete, das Land Kärnten habe nach einer Sitzung des obersten Kulturgremiums ohnehin schon Wochen vorher beschlossen, der Bachmann-Wettbewerb habe sich totgelaufen und solle nicht mehr finanziert werden. Der Schönheitsfehler bestand nur darin, dass das Kulturgremium davon nichts wusste und dumm dastand. Sein Vorsitzender, der Landesarchivdirektor Alfred Ogris musste sich in einem Artikel der »Kleinen Zeitung« vom 10. 2. 2000 zwischen der Wahrheit und der Loyalität gegenüber dem Landeshauptmann förmlich verrenken:

»Unmittelbar nach Bekanntwerden ›der Schreckensmeldung‹ versuchte er am Mittwoch zu eruieren, was wirklich geschehen war. Mit wenig Erfolg, denn bis auf Helga Luschin in der Kulturabteilung des Landes erreichte er niemanden: ›Ich gehe im Kreis und telefoniere herum‹, zeigte sich Ogris genervt. Seine vorsichtige Vermutung: ›Es scheint so gewesen zu sein, dass das ein Versprecher ist. Das Wort Kulturgremium, meine ich.‹ Denn die letzte Sitzung des Gremiums hätte schließlich Anfang Dezember stattgefunden. Haider müsse also eine andere Sitzung gemeint haben. Alfred Ogris will nun klären, ob Haiders Aussage ›eine bewusste Irreführung‹ war: ›Bei Versprecher sage ich: Schwamm drüber‹.«

Ob Ogris je eine Antwort auf seine Fragen bekam, haben wir nicht mehr in Erfahrung bringen können. Aber der Artikel gibt einen guten Eindruck von der in Kärnten drohenden Verwaltung der Kultur unter den Bedingungen der Angst und der Wahrheitsverdrehung.

6. Rassistische Diskriminierung: Von »Buschnegern« und »zukünftigen Mördern unserer Kinder«

Die eine Seite der FPÖ-Psychopolitik ist die Verführung der Menschen hin zu einer schönen Gemeinschaft. Die andere Seite ist die Aufhetzung derselben Menschen gegen vorgezeichnete Gegner. Das sind neben den politischen Gegnern vor allem die Ausländer und Flüchtlinge. Das Anti-Ausländer-Volksbegehren der FPÖ unter dem Motto »Österreich zuerst« im Jahr 1993 brachte zwar nicht den erwünschten Erfolg und führte zum Bruch mit Heide Schmidt, welche später empört berichtete, dass Haider die Gefahr von Übergriffen gegen Ausländer während der Vorbereitungskampagne bewusst in Kauf genommen habe. Aber die Haider-FPÖ hat in den folgenden Jahren immer wieder zu den Mitteln einer rücksichtslosen Stimmungsmache gegriffen. Als aktuelle Kostprobe möchte ich den Leserinnen und Lesern eine »Informationsseite« aus einem Werbefolder der Wiener FPÖ zum Nationalrats-Wahlkampf 1999 zumuten. (Abb. 24) Direkt daneben wird zu einer Großkundgebung mit Jörg Haider und Thomas Prinzhorn eingeladen.

Man sieht klar, mit welchen Emotionen und Fantasien hier gespielt wird. Die meisten Aussagen sind nach dem Prinzip des »Schimpfklatschs« (englisch würde man sagen als »gossip«) abgefasst. Sie sind unwiderlegbar. Es wird von Einzelfällen, die zudem kaum beweisbar sind, auf allgemeine Zustände geschlossen. Durch die Einleitung »Wussten Sie, dass ...« darf sich der Leser zu denen zählen, die nun über ein tieferes Hintergrundwissen verfügen. Acht der zwölf »Enthüllungen« mobilisieren Aggression gegen Ausländer; zwei beziehen sich auf Verschwendung durch Behörden bzw. politische Organisationen und zwei weitere auf Sexualität und Kriminalität, wobei in einer explizit der Bezug auf »Kinderschänder« enthalten ist. In fast allen Aussagen über Ausländer werden Gefühle des Zurückgesetztwerdens und des Neides angesprochen.

Parallel zu dieser Aussendung an die Wiener Haushalte wurden auf den Straßen die Parolen »Keine Gnade für Drogendealer«, »Stop dem Asylmissbrauch« und »Stop der Überfremdung« plakatiert. (Abb. 25)

Als man Haider nach der für die FPÖ erfolgreichen Wahl mit den menschenverachtenden Inhalten des Wiener Wahlkampfes konfrontierte, griff er zum bewährten Mittel des »folgenlosen Dementis«. Haider behauptete, er habe von Aktivitäten der Wiener FPÖ nichts gewusst und würde sie ablehnen. Das ist nicht glaubhaft. Haider hat am Wiener Wahlkampf, wie z. B. aus dem hier vorgestellten Folder ersichtlich, aktiv teilgenommen. Er und sein Generalsekretär Westenthaler äußern sich auf der Rückseite mit markigen Sprüchen. Und die Folgenlosigkeit des Dementis ist daraus ersichtlich, dass Haider den angeblichen »Hauptverantwortlichen« für die ausländerfeindliche Kampagne, den Wiener FPÖ-Obmann Hilmar Kabas, Anfang Februar 2000 als Minister in die neue ÖVP/FPÖ-Koalitionsregierung schicken wollte. Das scheiterte an der Weigerung von Bundespräsident Thomas Klestil.

Der antiafrikanische Rassismus, der im Wiener Wahlkampf so offensichtlich wurde, ist von Haider und seinen Mitarbeitern vorbereitet worden. Während man sich (wohl auch angesichts der großen Wachsamkeit der jüdischen Gemeinde) mit offen antisemitischen Äußerungen zurückhielt, wurden die wenigen schwarzen Mitbürger, Flüchtlinge und Besucher des Landes ganz offen der Verspottung, Kränkung und Diskriminierung preisgegeben. Hier einige Beispiele:

In einem ORF-Interview am 1. 3. 1995 gab sich Haider nach einem Besuch im südlichen Afrika gut gelaunt: »Mit den Schwarzen ist es wirklich so ein Problem. Selbst dort, wo sie die Mehrheit haben, bringen sie nichts zusammen.

Wußten Sie, daß ...

... in den **Deutsch-Lesebüchern unseren Wiener Kindern** bereits **seitenweise türkische und serbokroatische Texte aufgezwungen werden**?

... es nur **unter der SPÖ in Wien möglich** ist, daß **schwarzafrikanische Asylwerber mit Designeranzug und Luxushandy ihren Drogengeschäften ungestört nachgehen** können?

... in Wien z. B. ein **Chinalokal mit 600.000 Schilling gefördert** wird, während die **heimischen Beisln** leer ausgehen und eines nach dem anderen **zusperren** muß?

... die **Grünen in Wien meinen**, man brauche **die heimischen Familien nicht** zu **fördern**, weil an unseren Grenzen ohnehin **tausende ausländische Familien mit ihren Kindern warten**?

... eine **SPÖ-Gemeinderatin** gesagt hat, daß sich die **Ausländer in Wien nicht anzupassen brauchen**, weil die **Österreicher** „ohnehin nur **viel Alkohol trinken und fettes Fleisch essen**?"

... die **sozialistischen Kinderfreunde in Wien** schon über **100 Millionen an Steuergeldern** erhalten haben, und sich – aus welchen Gründen auch immer – die **SPÖ** auf Biegen und Brechen **weigert**, eine **Überprüfung zuzulassen**, ob dieses Geld auch tatsächlich den Kindern zugute kommt?

... **SPÖ-Bundeskanzler Klima** meint, die **„Lendenarbeit" der Wiener sei schlecht** und daher **Zuwanderer hereingeholt werden müssen**?

... die **SPÖ-Wien 9300 Ausländern pro Jahr meist vorzeitig** die **österreichische Staatsbürgerschaft** verleiht, und diese dadurch in den Genuß des Wahlrechtes kommen und den Zugang zu den Gemeindewohnungen erhalten?

... der **Wiener U-Bahn-Bau halb so schnell** aber **doppelt so teuer** wie in anderen europäischen Städten erfolgt?

... **ausländische Jugendliche Gratiskarten für ein Fitneß-Studio** erhalten, die **heimischen Jugendlichen** jedoch **nicht**?

... man sich von **zahlreichen Straftaten mit bis zu 5 Jahren Strafandrohung** – darunter fallen auch **schwere Körperverletzung, Diebstahl, Betrug und mehrere Sexualdelikte – neuerdings ganz einfach freikaufen** kann?

... in Wien der abgeurteilte **Kinderschänder Otto Mühl** nach seiner siebenjährigen Haftstrafe mit **Genehmigung von SPÖ-Chef Klima** umgehend das **Burgtheater für einen skandalösen Auftritt erhielt**?

Abb. 24

Da ist wirklich einfach Hopfen und Malz verloren.« Das sollte ein Witz sein, der sich sowohl auf die schwarzen ÖVP-Politiker als auch auf Menschen in Afrika bezog. In Bezug auf die Letzteren ist er rassistisch.

Im Oktober 1998 gab es in Kärnten eine Diskussion über Reformen im Gesundheitswesen und die Möglichkeit, in bestimmten Bereichen ausländische Ärzte praktizieren zu lassen. Haider vor Pressevertretern: »Jeder Buschneger hat in Zukunft die Möglichkeit, seine Kollegen in Österreich zu behandeln.« (9. 10. 1998 in Klagenfurt) Ich selbst war so naiv zu glauben, dass in Österreich der Paragraf 283 Absatz 2 angewendet würde, der es unter Strafe stellt, dass ganze Menschengruppen wegen ihrer Herkunft oder Hautfarbe öffentlich in ihrer Menschenwürde verletzt und verächtlich gemacht werden. Der erste Gendarmerieposten in meiner Nachbarschaft lehnte die Entgegennahme der Anzeige ab (»Wissen Sie, ich bin gelernter Kärntner, im zweisprachigen Gebiet aufgewachsen«). Die Klagenfurter Polizei verstand die Sache sofort und leitete die Anzeige an den Staatsanwalt weiter, der telefonisch auch sein Ermittlungsinteresse bekundete, aber nach fast einem Jahr einen abschlägigen Bescheid erteilte. Afrikanische Akademiker, die im März 1999 aus unmittelbarer Betroffenheit heraus ebenfalls Anzeige erstatteten, hatten auch keinen Erfolg.

Im Mai 1999 gab es nach dem Tod des Schubhäftlings Marcus Omofuma, dem Polizisten auf dem Flug nach Sofia den Mund mit Pflaster verklebt hatten, eine Debatte im Nationalrat. Haiders Sicherheitssprecherin, die Abgeordnete zum Nationalrat Helene Partik-Pablé, wehrte die Vorwürfe gegen Exekutive und Innenminister mit scheinbar gesichertem Wissen ab: »Schwarzafrikaner schauen nicht nur anders aus, sondern sie sind auch anders, und zwar ganz besonders aggressiv. Das liegt offenbar in der Natur dieser Menschen. Sie sind meistens illegal da, sie sind meistens Drogendealer, und sie sind ungeheuer aggressiv.« (Stenografisches Protokoll des Nationalrats, 10. 5. 1999) Auch diese Äußerung blieb ungeahndet. Frau Partik-Pablé tut immer noch ihren Dienst als Sicherheits- und Justizsprecherin der FPÖ und durfte kürzlich das juristische Maßnahmenpaket der neuen Koalitionsregierung mitgestalten.

Abb. 25

Einige Wochen später griff auch Haider in die Diskussion um den Tod des nigerianischen Schubhäftlings ein, um die ÖsterreicherInnen von übertriebenen Schuldgefühlen zu befreien. Man müsse sich eben entscheiden, ob man die Risiken der Abschiebung für »schwarzafrikanische Drogendealer« oder aber den Tod unserer Kinder in Kauf nehmen wolle. »Mörder unserer Kinder haben hier nichts verloren.« (Haider beim FPÖ-Wahlkampfauftakt, Kronenzeitung, 29. 5. 1999) Noch sind Drogenhandel und Mord verschiedene Delikte. Wäre es erlaubt, alle Spirituosenhändler in Österreich als »Mörder unserer Mitbürger« zu bezeichnen, nur weil der in unserem Land so gerne gekaufte 80-prozentige Rum mit

Sicherheit schon zum Tode vieler Menschen, z. B. von Obdachlosen im Winter, beigetragen und Hunderte von Leberzirrhosen mitzuverantworten hat? Zudem war die Behauptung, dass Omofuma ein Drogendealer war, unzulässig. Nur die »Kronenzeitung« hatte ihn rückwirkend unter Verdacht gestellt und die Mehrheit seiner Landsleute gleich mitverdächtigt. Haider hat im Sommer 1999 das Kunststück vollbracht, die drei bis dahin noch relativ getrennten emotionalen Diskurse über Einwanderung und Asyl, über illegale Drogen und schließlich über Kindermörder bzw. Kinderschänder miteinander zu verknüpfen. Durch die Ähnlichkeit der plakatierten Parolen »Keine Gnade für Kinderschänder« und »Keine Gnade für Drogendealer«, wobei diese Parole dann noch mit den »schwarzafrikanischen Asylwerbern im Designer-Anzug« assoziiert wurde, war eine bösartig-geniale Feindbildverdichtung entstanden. Alle Abscheulichkeiten dieser Gesellschaft schienen sich bei einer kleinen Gruppe von Menschen zu versammeln. Seit dem Sommer 1999 haben Menschen mit schwarzer Hautfarbe in Wien kein leichtes Leben mehr. Verdächtige werden auf entwürdigende Weise durchsucht. Ein Französisch-Lehrer aus Togo, der seit zehn Jahren in Österreich lebt, wurde in der Zeitung als mutmaßlicher Drogendealer abgebildet und vor den Augen seiner Schüler verhaftet, weil er aus einer öffentlichen Telefonzelle am Bahnhof telefoniert hatte. Im März 2000 wurde von Amnesty International ein Bericht über rassistisch motivierte Polizeiübergriffe vorgelegt.

Derzeit trifft es vor allem die Schwarzen, die in Österreich fast keine Lobby haben. Ein schwarzer Kommentator im Fernsehen wäre zum Beispiel undenkbar. Vor ein paar Jahren waren es noch die Kärntner Slowenen, vor deren Maßlosigkeit und »slawischer Denkungsart« (Haider) uns die FPÖ gemeinsam mit dem »Kärntner Heimatdienst« warnte; jetzt werden sie eher als Alibi-Slowenen gebraucht und bekommen verbales Zuckerbrot. Auch Rumänen und

Polen waren schon dran. Es gibt immer eine Gruppe, die bevorzugtes Verfolgungsopfer ist. Die Sündenböcke sind mit der Zeit austauschbar, aber Objekte für die Sündenbockjagd werden immer benötigt.

Wie sieht die psychologische Trickkiste der Fremdenfeindlichkeit, aus der sich die Haider-FPÖ bedient, genauer aus? Warum lassen sich Menschen überhaupt verhetzen? Mit Hilfe eines einfachen psychoanalytischen Modells, wie es manche LeserInnen bereits aus den Schulbüchern kennen, lässt sich das relativ rasch erklären. Sigmund Freud hatte sich vorgestellt, dass unser Ich sich in einem ziemlich anstrengenden Dreifronten-Krieg befindet. Die erste Front ist die Realität, die wir managen müssen und die Bedrohungen bereithält, auf die das Ich sinnvollerweise mit »Realangst« reagiert. Die zweite Front ist unser eigenes Über-Ich oder Gewissen, welches dem Ich ebenfalls auf unangenehme Weise zusetzen und Angst machen kann. Und die dritte Front sind unsere Impulse aus dem »Es«, aus dem Triebleben und Körperinneren, deren Befriedigung zwar oft schöne Gefühle verschafft, die aber im Ich auch eine Angst vor Überflutung und Kontrollverlust auslösen können. Die Ängste, die aus der Begegnung mit unserem Über-Ich und dem Es resultieren, kann man als »Gewissensangst« und »neurotische Angst«, welche beide aus inneren Konflikten stammen, der »Realangst« gegenüberstellen, die aus äußeren und gesellschaftlichen Konflikten stammt. Die rassistischen Demagogen spielen abwechselnd und geschickt auf allen Angstklavieren. Ich beginne mit den Problemen der Realität:

Es ist klar, dass die Haider-FPÖ nur »Stimmung machen« kann, weil es »draußen«, in der Konkurrenz- und Proporzgesellschaft tatsächlich jede Menge ungelöster Probleme gibt. Die Konkurrenzängste haben sich vor allem bei denen verschärft, die das Gefühl haben müssen, auf einem rutschigen Ast zu sitzen, auch bedingt durch einen niedrigen Bildungsabschluss. Die Ausländer symbolisieren in der ökonomischen Globalisierung den Umstand, dass das Kapital auf die Austauschbarkeit von Lohnarbeiter-Populationen setzt. Entweder durch Standortwechsel in Billiglohnländer oder auch innerhalb unserer Gesellschaft. Die Ausländer sind greifbar, das Kapital ist es nicht. Wenn dann noch einzelne Schädigungen durch ausländische Konkurrenten oder Wohnnachbarn hinzutreten, kann das Ich leicht eine mehr oder weniger reflexhafte, kurzschlüssige »Realangst« auf die sichtbaren Gefahrensignale hin entwickeln. Unsere Angst neigt dazu, sich eher an Personen als an der Entwicklung der Börsenkurse, den verborgenen Gesetzmäßigkeiten der Wohnungsspekulation oder dem Ozonloch festzumachen. Diese Tendenz nutzen die fremdenfeindlichen Demagogen schamlos aus, indem sie gesellschaftliche Risiken und Bedrohungen konsequent personalisieren. Auf der Ebene des Hinterhof-Klatschs und mit der Geste der großartigen Enthüllung wird so getan, als ob unmoralische Personengruppen die Risiken der gesellschaftlichen Entwicklung verursachten. Der vorher dokumentierte Info-Folder der FPÖ (»Wussten Sie, dass ...«) ist ein abstoßendes Beispiel für diese Personalisierung. Zur Nazi-Propaganda hatte es gehört, die reale Angst der Menschen in Bezug auf die Geldherrschaft und Konkurrenz an den Juden festzumachen, die das »raffende Kapital« darstellten, während die deutschen Unternehmer als »schaffendes Kapital« galten.

Die ausländerfeindlichen Demagogen verrühren systematisch die – personalisierte – Realangst der Menschen mit der Angst vor dem Gewissen und der Angst vor den eigenen Triebimpulsen, sodass eine ziemlich explosive Mischung entsteht. Der Ausländer kann sowohl ungeliebte Aspekte des eigenen Gewissens als auch bedrohliche Aspekte unseres Trieblebens verkörpern, die wir dann auf einer äußeren Bühne attackieren dürfen.

In Bezug auf das Gewissen: Die moderne Ausländerfeindlichkeit ist in beträchtlichem Ausmaß ein Anti-Über-

Ich-Reflex. Wir wehren aus unserer Festungsmentalität heraus das Gefühl der Verbundenheit mit Vertriebenen und Notleidenden ab. Aus dem Fernsehen wissen wir eigentlich, dass viele Menschen aus Bosnien, dem Kosovo oder auch Afrika schwer verfolgt und verletzt, traumatisiert sind. Wenn sie aber hier sind, nennen wir dieselben Leute abwertend »Asylanten«, statt »Asylsuchende« und warten nur darauf, irgendein Zeichen der Undankbarkeit oder Frechheit, z. B. weggeworfene Spendenartikel, auffällige Kleidung oder gar ein Handy, an ihnen zu entdecken, damit wir unsere Hilfsbereitschaft aufkündigen können. Die FPÖ versorgt uns mit den entsprechenden Geschichten. Wenn nur ein paar dieser Geschichten erzählt werden, reicht das schon, um einer ganzen Gruppe den Opferstatus abzusprechen. »Jeder Asylant holt sofort seine Familie nach und lässt sie gesundheitlich sanieren.« (Haider, Kleine Zeitung Graz, 12. 1. 1998) Das Opfer, welches uns an die Restbestände des Gewissens erinnert, die auch noch in jedem »Wohlstandsverwahrlosten« schlummern, kann eine heftige Wut auf sich ziehen. Die Beunruhigung des Gewissens wird dem Opfer schwer verübelt. So ist der Nachkriegsantisemitismus, nach den Worten von Dan Diner, nicht ein »Antisemitismus trotz Auschwitz, sondern wegen Auschwitz«. Es ist eine Gewissensabwehr, wenn ein Jörg Haider von den »Straflagern« spricht. Die Juden »sollen endlich Ruhe geben« – das ist eine verbreitete Stimmung. Mit aggressivem Unterton wurde immer wieder das »Ende der Umerziehung« und »endlich Schluss mit der falschen Geschichtsschreibung« (Haider am Ulrichsberg) gefordert. Vor allem Marcus Omofuma war eine unerträgliche Provokation. Gleich nach seinem Tod beschloss die »Kronenzeitung«, seinen Namen wie bei einem Verbrecher immer nur als »Marcus O.« abzukürzen und zugleich das Gesicht immer wieder ganz groß und bedrohlich abzubilden. Das Mitgefühl galt nicht dem Opfer, sondern den Verantwortlichen in der Exekutive, vor allem dem Innenminister.

In Bezug auf diese Lebenden, nicht etwa in Bezug auf den toten Marcus Omofuma, wurde von »Lynchjustiz« gesprochen. Die großflächige Razzia gegen »nigerianische Drogenhändler«, die ein paar Wochen später in Wien durchgeführt wurde und zu der die Kronenzeitungs-Fotografen offenbar rechtzeitig die Einladung erhielten, tat dann ein Übriges, um die Anflüge von Schuldgefühl und Nachdenklichkeit beim durchschnittlichen Kronenzeitungsleser und potentiellen FPÖ-Wähler zu beseitigen. Haiders Freund Andreas Mölzer hatte in seiner Eigenschaft als Kronenzeitungs-Kolumnist die ganze Zeit die Stimmung mit angeheizt, in welche Haider dann seine pauschal verdächtigende Äußerung über die »Mörder unserer Kinder« placieren konnte. Es konnte vorläufig Ruhe an der Gewissensfront eintreten.

Die Leute und Organisationen, die in Österreich einigermaßen konsequent und ganzjährig Menschenrechts- und Gewissenspositionen vertreten, wie z. B. »SOS-Mitmensch«, die Caritas-Vertreter oder grüne PolitikerInnen, werden von Mölzer und Haider in letzter Zeit stereotyp als »Gutmenschen« bezeichnet und lächerlich gemacht. Früher, z. B. nach der Ermordung und der feierlichen Beerdigung der vier Roma im burgenländischen Oberwart im Jahr 1995, wurde noch die Bezeichnung »Tugendterror« zur Abwehr der Gewissens-Zumutungen bevorzugt. Über »Gutmenschentum« darf man lachen, in Deutschland ist schon ein entsprechendes »Wörterbuch der Gutmenschen« erschienen. Der Humor, der eigentlich etwas sehr Wichtiges ist, damit wir nicht in der Depression und Verlorenheit versinken, wird von Haider zur Über-Ich-Demontage missbraucht. Im Witz, so hat Freud gezeigt, wird unser etwas schwerfälliges Über-Ich in einer Art Blitzangriff überlistet. Das Ich erspart sich den »Hemmungsaufwand« in Bezug auf verbotene Fantasien und Impulse und reagiert mit einer kleinen Euphorie. Im minderheitenfeindlichen Witz und Humor ist die Euphorie mit dem Treten auf Schwache und Wehrlose verbunden.

Das österreichische Publikum liebt Haider wegen seines aggressiven Humors, so als würde es ständig einen Heiler gegen seine schleichende Depression benötigen. Und Haiders rassistische Äußerungen kommen, ganz ähnlich wie die menschenverachtenden Sprüche über Frauen oder politische Gegner, fast immer im Gewande des Witzes daher. Wer dagegen protestiert, läuft Gefahr, als humorloser und langweiliger Vertreter der »Political correctness« hingestellt zu werden, die bekanntlich kaum einen Unterhaltungswert hat. Haider hat ganz ausdrücklich die »Political correctness« zu einer überflüssigen Idee erklärt. Er ist mit dem unbeschwerten Hedonismus unserer Konsum- und Unterhaltungskultur – man könnte auch sagen: mit unserer »Ö-3«-Gesellschaft unter dem Motto »Das Leben ist ein Hit!« – auf beinahe beneidenswerte Weise im Einklang.

Die Ausländer werden aber nicht nur attackiert, weil sie uns an unbequeme Restbestände unseres Über-Ich erinnern, sondern auch, weil bei ihnen eine ganze Menge ungeliebter Aspekte unserer eigenen Gier und Triebhaftigkeit deponiert worden sind. Fast suchtartig und lustvoll hält man sich in den »Wussten Sie schon, dass ...«-Gesprächen bei diesen Aspekten auf. Mit Sigmund Freuds Hilfe kann man diese am Ausländer abgehandelten Schatten-Anteile recht gut ordnen. Da gibt es zunächst die »orale« Triebhaftigkeit, dann die »anale« und schließlich die sexuell-ödipale:

Der Ausländer, früher der Jude, wird regelmäßig als oral gierig, oft als säuglingshafter, dicklicher Parasit vorgestellt, der von morgens bis abends in der sozialen Hängematte, z. B. einer Fremdenpension für Asylwerber, herumliegt. Zu Beginn der 90er Jahre hat Haider einmal so über die arbeitsunwilligen Polen gesprochen, die sich bei uns bedienen lassen wollen, und (wie in anderem Zusammenhang schon erwähnt) auf Lech Walesa hingewiesen, der »schon mehr breit als hoch geworden« sei. Diese Figur ist der Schatten unseres eigenen spätkapitalistischen Konsumismus, der uns mittlerweile peinlich geworden ist. Im vorliegenden FPÖ-Folder taucht dieser Schatten im Statement Nummer 5 auf, wo eine sozialistische Gemeinderätin über die Österreicher gesagt haben soll, dass sie »ohnehin nur viel Alkohol trinken und fettes Fleisch essen«. Hier wird der Hass auf die eigene orale Gier kurz einmal mobilisiert, um dann über die besser versorgten, gierigen Ausländer herziehen zu können. Auch die Menschen, die tatsächlich »viel Geld für wenig Arbeit« haben wollen, wie es z. B. den »Wirtschaftsflüchtlingen« unterstellt wird, sind natürlich wir selbst. Nur verträgt sich dieser Aspekt nicht so gut mit dem offiziellen Selbstbild der von früh bis spät »Fleißigen und Anständigen«, welches uns die FPÖ-Demagogen nahe legen. Der Hass auf das Oral-Konsumistische in uns lässt sich sehr gut mit dem Neid auf kleinere Geschwister verknüpfen, den viele aus ihrer Lebensgeschichte kennen. Diese können ja auch zunächst kaum richtig Deutsch, nehmen uns die Mittelpunktstellung weg und bekommen von Vater und Mutter alles »hineingeschoben«. Jetzt sind es Vater Staat und Mutter Gesellschaft, die von uns Disziplin und Arbeit verlangen und zugleich jenen Neuankömmlingen jede Versorgung zukommen lassen (eine Fantasie, die natürlich mit der realen Armut der Flüchtlinge überhaupt nichts zu tun hat). Haiders Parole »Österreich zuerst« zielte genau auf diese Neidreflexe. Und im Wiener Wahlkampf-Folder ist das Spekulieren mit dem Versorgungsneid der ÖsterreicherInnen ganz offensichtlich. »Wussten Sie schon, dass die anderen mehr kriegen?« und »Die haben eh schon so viel«. Vor einigen Jahren war das die Standardfantasie, mit der die Fremdenfeinde in Kärnten gegen die slowenische Minderheit im Lande mobilisiert haben.

Der »anale« Komplex steht für unsere eigenen Ängste vor körperlicher und moralischer Verschmutzung. Unsere Welt ist tatsächlich voll von Dingen, die »zum Himmel stinken«. Bereits die Nazis hatten es in ihrer Rhetorik und in Propagandafilmen geschafft, die Juden mit Schmutz, Ungeziefer und ansteckenden Krankheiten in Verbindung zu bringen. Die »Säuberung« gehört fast immer zum fremdenfeindlichen Programm. Eine dehumanisierende Sprache, wie sie Haider in Bezug auf politische Gegner – »rote und schwarze Filzläuse« – verwendet hat, ist hier ein besonderes Alarmsignal. Haider hat selbst angekündigt, dass er Österreich »ausmisten« werde, woraufhin ihm seine Fans gleich mehrere Mistgabeln schenkten. Wir werden noch sehen, wie die analen Fantasien von Haider und der FPÖ um den »Fäkalkünstler« Cornelius Kolig herum mobilisiert wurden. Im Zusammenhang mit dem Thema der Ausländerfeindlichkeit ist es bedenklich, dass Haider als Kärntner Landeshauptmann im Herbst 1999 auf einige TBC-Fälle im Land sofort mit der Weisung reagierte, bevorzugt in Schulen mit hohem Ausländeranteil Reihenuntersuchungen durchzuführen. Diese Mitteilung erfolgte am selben Tag, als FPÖ-Vertreter für alle Nicht-EU-Ausländer zusätzlich zum Reisepass noch einen Spezialausweis mit Fingerabdruck forderten. Der österreichische EU-Kommissär Franz Fischler fragte zu Recht, was wohl ein Schweizer Geschäftsmann, der sich in Österreich aufhält und vielleicht investieren will, dazu sagen würde.

Auch in Bezug auf die sexuelle und »ödipale« Thematik (Rivalitätsthematik) muss »der Ausländer« immer wieder als unser Schatten und Container für ungelöste Spannungen herhalten. Hitler war darauf spezialisiert, den Juden alles Bedrohliche und Ansteckende an der Sexualität anzulasten. Sie erschienen auch als mächtige Rivalen, welche die »Mutter Deutschland« (Goebbels) schänden wollten. Überall auf der Welt kann man Fremdenangst und Fremdenfeindlichkeit besonders wirksam durch die Verbreitung von Potenz- und Fruchtbarkeitsneid schüren. Thomas Prinzhorns Äußerung über die Ausländer, die angeblich zur Steigerung ihrer Fruchtbarkeit Gratishormone bekommen, geht klar in diese Richtung. »Umvolkungsexperte« Mölzer sorgt sich um die schwach gewordene »biologische Potenz der Deutschen«.

(Vgl. Zöchling, S. 190) Und auch unser Wiener FPÖ-Folder liefert hier wieder Beispiele wie aus dem psychoanalytischen Lehrbuch. »Wussten Sie, dass ... SPÖ-Bundeskanzler Klima meint, die ›Lendenarbeit‹ der Wiener sei schlecht und daher Zuwanderer hereingeholt werden müssen?« – »Wussten Sie, dass ... die Grünen in Wien meinen, man brauche die österreichischen Familien nicht zu fördern, weil an unseren Grenzen ohnehin tausende ausländische Familien mit ihren Kindern warten?« Und schließlich für unsere heranwachsenden Neo-Rambos: »Wussten Sie, dass ... ausländische Jugendliche Gratiskarten für ein Fitness-Studio erhalten, die heimischen Jugendlichen jedoch nicht?«

Außer den genannten Triebregungen können wir mit Hilfe der Demagogen bei den Ausländern auch noch unsere aggressiven und asozialen Regungen deponieren. Zwar haben Ausländer, wie die FPÖ zu betonen nicht müde wird, auf den ersten Blick eine höhere Kriminalitätsrate als Österreicher. Aber niemand spricht darüber, dass es innerhalb der Ausländerpopulation a) mehr Männer b) mehr junge Leute c) mehr Armut und d) wahrscheinlich auch mehr psychische Probleme als bei den Österreichern gibt. Männer, Junge und schlecht Verdienende haben überall auf der Welt eine überdurchschnittlich hohe Kriminalitätsbelastung. Wenn noch Illegalität, soziale Entwurzelung, unbehandelte Verfolgungstraumata und Diskriminierung durch die Umwelt sowie eine größere Aufmerksamkeit der polizeilichen Kontrollorgane hinzutreten, braucht man sich über eine gewisse Anzahl von Ausländern, die straffällig werden, nicht wundern. Bei den eigentlichen Gastarbeitern ist die Kriminalität deutlich geringer als bei den Österreichern. FPÖ-PolitikerInnen wie Frau Partik-Pablé benutzen die Probleme aber dazu, daraus eine rassistische Theorie über die angeblich von Natur aus größere Aggressivität von Ausländern zu machen. Dagegen erscheinen dann die Österreicher als ein ausgesprochen friedliches und rücksichtsvolles Völkchen.

Ebenso lassen sich einige Probleme unseres Selbstwertgefühls, unseres »Narzissmus«, über die Ausländer regulieren. Ausländer treten, wenn wir dem »Schimpfklatsch« und den Demagogen glauben, so frech und selbstbewusst auf, wie wir es oft gerne wären. Die Österreicher, die gegenüber Chefs, Vermietern und Beamten so häufig den Kopf einziehen müssen, fordern eine rigorose »Anpassung« auch der Fremden. Wenn sie schon kommen, sollen sie noch deutlicher den Kopf einziehen, als es von den Inländern verlangt wird; und sie sollen auf jeden Fall warten, bis sie gefragt werden. Im Schimpfen über die unverschämten Ausländer, zu welchem uns die FPÖ-Demagogen ermutigen, heben sich das Selbstwertgefühl und der Mut wenigstens für ein paar Minuten. Im Übrigen wird der Letztere an den »Jörg, der sich was traut« delegiert.

In Bezug auf die Gemengelage unbewusster Spannungen und Nöte im Publikum betreibt Haider mit seinen Leuten so etwas wie »umgekehrte Psychoanalyse«. Dieser Ausdruck stammt von Loewenthal und Guterman, die bereits vor über 50 Jahren in ihrer Studie »Prophets of Deceit« (New York 1949) die Tricks und Fähigkeiten von populistischen und rassistischen Demagogen in den USA untersucht haben. Innere Spannungen, Realängste, neurotische Ängste und Gewissensängste, die mit der Großwetterlage der Gesellschaft verbunden sind, aber auch gruppenspezifisch variieren, werden mit einem Gespür fürs Unbewusste und den Antennen eines großen Schauspielers aufgenommen und in Richtung auf einfache Lösungen in Szene gesetzt. Dass diese einfachen Lösungen auf Kosten von Minderheiten gehen, wird in Kauf genommen.

7. Kolig-Affäre und Kinderschänder-Kampagne – Der Missbrauch des Missbrauchs

Neben den Ausländern und den »Sozialschmarotzern« (vgl. Kapitel 3) sind es vor allem unliebsame Künstler, die von der Haider-FPÖ zur Verfolgung freigegeben werden. Vor einigen Jahren schon versuchte die FPÖ aus dem Unverständnis und dem Ressentiment vieler Österreicher gegenüber der modernen Kunst Kapital zu schlagen, indem in Wien die Porträts der Schriftstellerin Elfriede Jelinek und des Burgtheaterdirektors Claus Peymann auf Plakaten ausgehängt wurden und dem Betrachter die rhetorische Frage gestellt wurde, ob er diese Personen liebe, oder aber »Kunst und Kultur«. Die »Staatskünstler« sind Haider von jeher ein Dorn im Auge. Es scheint auch eine Mischung aus Bewunderung und Neid in Bezug auf wirklich kreative Menschen mit im Spiel zu sein; viele der FPÖ-Kunstkritiker (z. B. Mölzer und Haider) haben sich auch einmal eher erfolglos als Künstler oder Schriftsteller versucht. Herrmann Nitsch wird von Haider als Vertreter von »orgiastischen Exzessen mit einem Amalgam aus Blut, Sperma und Gotteslästerung« attackiert, fast zugleich findet er ihn »großartig«. Peymann erhielt sogar kürzlich von Haider das zweifelhafte Etikett des »Lieblingsregisseurs«.

Diese Ambivalenz schützt die Künstler aber nicht davor, dass auf sie Jagd gemacht wird, wenn es die FPÖ gerade für einen Wahlkampf braucht. Herrmann Nitsch wurde während eines mehrtägigen Events vom niederösterreichischen Haider-Gefolgsmann Jörg Schimanek senior geradezu belagert. Und in Kärnten wurde 1998 eine Kampagne gegen den Maler Cornelius Kolig entfacht, die ihresgleichen sucht. Für Außenstehende muss die Vorgeschichte erzählt werden. (Vgl. Erwin Hirtenfelder/Bertram Karl Steiner: Tatort Kolig-Saal 1929–1999, Klagenfurt 1999.)

Der Großvater von Cornelius Kolig, Anton Kolig, hatte um das Jahr 1930 herum einen Saal im Kärntner Landhaus (dem Parlament) mit Fresken im Stil des Expressionismus ausgestaltet. Diese Fresken wurden von rechten politischen Kräften als Kärnten-Beleidigung (»Saufgelage«, Darstellung der »leicht zu habenden«, »käuflichen« Kärntnerin etc.) interpretiert und später von den Nazis abgeschlagen. Seit Mitte der 90er Jahre entstand die Idee, den Landhaus-Saal, der zwischenzeitlich u. a. Kommandozentrale des Nazi-Gauleiters Rainer gewesen war, neu ausgestalten zu lassen und zwar auf der Grundlage eines Entwurfs von Cornelius Kolig, der noch Dokumente seines Großvaters über die vernichteten Fresken besaß. Der damalige Kulturreferent, Michael Ausserwinkler von der SPÖ, unterstützte das Projekt und beauftragte Cornelius Kolig. Haiders damaliger Statthalter in Kärnten, Karl-Heinz Grasser, intervenierte in seiner Eigenschaft als »Hochbaureferent«, den man seiner Meinung nach hätte fragen müssen. Hinter dem formalen Gezänk verbargen sich aber die inhaltlichen Differenzen. Die »Kronenzeitung«, Andreas Mölzer und Jörg Haider traten gegen Kolig an. Ein im Kärntner-FPÖ-Blatt »Kärntner Nachrichten« abgedruckter Leserbrief soll hier als Kostprobe für die produzierte Stimmung ausreichen:

»Entartete Kunst: Baut man Mist in arger Weise / nennt man das gewöhnlich ›Scheiße‹. / Stellt ein Künstler echte Scheiße dann zur Schau auf seine Weise / steht er gar in Auwis Gunst: Der hält das ja für hohe Kunst.«

»Auwi« war eine Abkürzung für Ausserwinkler, den Kärntner Kulturreferenten. Die Reimkunst des Autors soll hier nicht zur Debatte stehen. Wohl aber der Umstand, dass die FPÖ-Zeitung keine Hemmungen hatte, einen Brief abzudrucken, der mit dem eindeutigen Nazi-Wort »entartete Kunst« beginnt. Im weiteren Verlauf der Kampagne arbeitete die FPÖ mit der leicht abgewandelten Bezeichnung »abartige Kunst«. Der Leserbriefschreiber und die Kolig-Kritiker

JETZT ERST RECHT!

WIR KÄRNTNER LASSEN UNS DEN MUND NICHT VERBIETEN

Kein Fäkalkünstler im Kärntner Landhaus!

Aufgrund einer von Cornelius Kolig beantragten einstweiligen Verfügung ist es uns bis auf weiteres untersagt, Teile seiner umstrittenen abartigen Werke den Kärntnern zu zeigen.

Das Projekt Cornelius Kolig für das Kärntner Landhaus

Petition an den Kärntner Landtag

Ich protestiere mit meiner Unterschrift dagegen, daß der „Fäkalkünstler" Cornelius Kolig *VON SPÖ UND ÖVP UM 3 MILLIONEN SCHILLING – DEM GELD DES KÄRNTNER STEUERZAHLERS* – mit der Gestaltung eines Sitzungssaales im Kärntner Landhaus beauftragt wurde. Ich fordere die Kärntner Landesregierung auf, keine Kulturförderung für Werke zu gewähren, die menschenverachtend religiöse Gefühle verletzen oder Kinder in ihrer sexuellen Integrität mißbrauchen.

NAME	ANSCHRIFT	UNTERSCHRIFT

Abb. 26

interessierten sich vorrangig für den Aspekt der »Scheiße« in Koligs Werken, mit dem Hinweis darauf, dass der Künstler vor Jahren einmal auch mit menschlichen Fäkalien (die z. B. vergoldet wurden) Experimente gemacht hatte. Mit den Fresken hatte das überhaupt nichts zu tun. Haider und seine Kulturpolitiker sprachen nur noch vom »Fäkalkünstler«.

Die FPÖ setzte bald durch, dass das Ausgestaltungs-Projekt neu ausgeschrieben wurde. Peinlich wurde die Sache, als das von der FPÖ nominierte Mitglied der Ausschreibungs-Jury im Sommer 1998 gemeinsam mit den anderen Jury-Mitgliedern wiederum den Kolig-Entwurf für den besten hielt. Nun attackierte die FPÖ ihr eigenes Jury-Mitglied und musste die von ihr selbst geforderte Jury-Entscheidung für unbedeutend erklären. Offenbar wurde als Vorspiel für die Kärntner Wahlen im März 1999 eine Bevölkerungs-Mobilisierung benötigt.

Die FPÖ publizierte Bilder, die Kolig von seiner kleinen Tochter angefertigt hatte, zusammen mit Vorwürfen, die den Künstler in die Nähe des Kindesmissbrauchs rückten. Primitivste Formen des Analogiedenkens wurden bemüht. Weil vor Jahren der aktionistische Maler und autoritäre Kommune-Guru Otto Muehl wegen des Beischlafs mit Minderjährigen verurteilt worden war und nach Verbüßung der Haftstrafe wieder Bilder ausstellen durfte, wurde die Empörung darüber einfach auf Cornelius Kolig, der auch ein moderner Künstler ist, übertragen. Im Sommer 1998, als Kolig bereits an der Installation der Fresken arbeitete, startete die FPÖ in ganz Kärnten eine Unterschriften-Kampagne gegen den »Fäkalkünstler im Kärntner Landtag«. »Kärntner, die sich den Mund nicht verbieten lassen« wurden auf öffentlichen Plätzen und bei Hausbesuchen dazu animiert, in einem Aufwasch gegen Kolig und gegen eine Kulturförderung für Werke zu protestieren, »die menschenverachtend religiöse Gefühle verletzen oder Kinder in ihrer sexuellen Integrität missbrauchen«. (Abb. 26)

Der Kärntner Bischof Egon Kapellari gab später den einzig gültigen Kommentar zum Blasphemie-Vorwurf ab, indem er die Fresken interessiert besucht und keinerlei Verletzung seiner religiösen Gefühle festgestellt hat. Der Kinderschänder-Vorwurf hätte einen Menschen, der nicht so tapfer und stabil wie Kolig war, leicht vernichten können. Die Haider-FPÖ nahm das in Kauf, musste allerdings die ohne Koligs Zustimmüng zum Zwecke der Denunziation verwendeten Bilder wieder zurückziehen. Statt dieser Bilder zeigte man auf dem Unterschriften-Sammel-Blatt fünf leere Bilderrahmen, in welche die Betrachter selbst ihre schlimmsten Fantasien projizieren durften. Eine von der FPÖ erzwungene Landtagsdebatte über den »Kolig-Skandal« leitete der Hauptredner der FPÖ, Klubobmann Jörg Freunschlag, mit den provokanten Worten »Ich ficke Babys ...« ein, die vor Jahren in einem literarischen Beitrag von Urs Allemann zum Bachmann-Wettbewerb Furore gemacht hatten, die aber mit der Wirklichkeit des Kolig-Kunstwerks überhaupt nichts zu tun hatten. Es ging nur um Stimmungsmache.

Die Kärntner Bevölkerung erwies sich als besser als ihr Ruf; die FPÖ erreichte ihr selbstgesetztes Ziel, 20.000 Unterschriften gegen das Kunstprojekt zu sammeln, bei weitem nicht. Als auch viele Journalisten, die nicht gerade bei der »Kronenzeitung« waren, ihren Widerstand signalisierten, indem sie zum Beispiel die menschenverachtenden FPÖ-Inserate in ebenso großen danebenstehenden Artikeln kritisierten, wurde Haider und seinen Leuten die Sache doch etwas mulmig. Fast alle Kulturschaffenden in Kärnten stellten sich hinter Kolig. Haider wich einer öffentlichen Diskussion im Stadttheater aus, und es wurden einige Schritte in Richtung »folgenloses Dementi« gesetzt. Der FPÖ-Landeshauptmann-Stellvertreter Reichhold bemitleidete den Menschen Kolig zwischenzeitlich sogar als ein »Opfer« in einem kulturpolitischen Konflikt und Haider ließ sich sogar kurz am Ort des Grauens, vor Koligs künstlerischen Installationen blicken. Die Begrüßung durch den Künstler, dem Haider die Hand gab, wurde, wie schon erwähnt, von einigen Medien gleich wieder als Versöhnung gefeiert.

Dass Haider die im Sommer und Herbst 1998 veranstaltete Menschenjagd überhaupt nicht Leid tat, wurde u. a. daran deutlich, dass er im Landtagswahlkampf 1999 die Bösartigkeiten gegen Kolig schamlos wieder aufgriff. Im Endspurt um die letzten Wählerstimmen sind offenbar alle Mittel recht. Ich zitiere aus einem Tonbandmitschnitt einer Rede in Feistritz:

»Millionen hauen wir hinaus für die Kulturförderung des Herrn Ausserwinkler. Sein abenteuerlicher Kolig-Saal, den er uns da beschert hat, vorn im Landhaus drinnen. Wo keiner ein Verständnis hat für ... (anschwellender Applaus, Jubelrufe, Pfiffe) ... für diesen Unsinn. Ich weiß nit, wer schon drinnen war in dem Kolig-Saal? (Hintergrund: Ja I. I schon. I hab ihn ongschaut. Das hab i mir jo gebn!) Aber wenn man da hineingeht, dann hat man nicht das Gefühl, man besichtigt jetzt ein Kunstwerk. Sondern man hat das Gefühl, man kommt in eine aufgelassene Betriebsküche, wo ein paar alte Tapeten herabhängen. Und zu Weihnachten hat er uns drei schmutzige Maurerkübel hineingehängt, (Hintergrund: Hahaha) damit das Werk vollendet ist. Und dafür haben wir drei Millionen Schilling bezahlen müssen, meine lieben Freunde. (Hintergrund: Jawohl!) Drei Millionen Schilling! (Applaus, schrille Pfiffe) Weil der Herr Ausserwinkler so begeistert war von diesen hervorragenden künstlerischen Leistungen des Herrn Kolig, hat er ihm um 32.000 Schilling einen gläsernen Spazierstock abgekauft, der mit Urin des Herrn Kolig gefüllt war. (Gelächter) Der hängt, der hängt, der hängt also jetzt in der Landesgalerie zum Anschauen. (Hintergrund: Hahaha) Das ist ja mit Steuergeldern finanziert worden. Ich hab dem Ausserwinkler gesagt, wenn das wirklich aus deiner Sicht Kunst ist, lieber Freund, so ein Kunstwerk kann ich dir da jeden Tag bringen (lautstark hervorbrechendes Gelächter), wenn du 32.000 Schilling zahlst dafür. (Anhaltendes Gelächter) Das ist überhaupt kein Problem! (Gelächter, Applaus, Geraune)«

Haider arbeitet hier mit den psychologischen Mitteln eines – anal fixierten – Pornojägers. Seine Zuhörer werden animiert, sich immer tiefer in einen fantasierten Haufen von Schmutz, Unordnung und Fäkalien zu begeben, und geraten in einen Erregungszustand (»Das hab i mir jo gebn!«), der schließlich nach aggressiver Säuberung verlangt.

Im Jahr 1998 ging die Anti-Kinderschänder-Kampagne der FPÖ weit über den Fall Kolig hinaus. Wir sind ihr schon im »Wussten Sie, dass ...«-Folder der Wiener FPÖ (vgl. Kapitel 6) begegnet. – Bevor ich weiterargumentiere, ist es in der gegenwärtigen Atmosphäre vielleicht notwendig festzustellen, dass ich Kindesmissbrauch für ein ernstes Problem halte und dass ich als Psychotherapeut in einer Einrichtung arbeite, die Hilfe für Missbrauchsopfer und andere Opfer von Gewalt anbietet. – Im Frühjahr 1998 begann die FPÖ in den meisten österreichischen Bundesländern eine große Plakataktion mit dem Slogan: »Keine Gnade für Kinderschänder!« Die Bevölkerung wurde aufgerufen, Unterschriften gegen einen zu milden Umgang mit Kindesmissbrauch zu leisten. Im Zusammenhang mit dieser Kampagne wurde von der FPÖ in Kärnten auch das farbige Großfoto eines etwa elf- oder zwölfjährigen Mädchens plakatiert, das den Betrachter attraktiv hergerichtet, geschminkt, mit langen schwarzen Locken und einer Träne auf der Wange anschaut. Darunter stand ein Aufruf, die Unterschrift gegen Kindesmissbrauch zu leisten. Gleichzeitig lancierte die FPÖ die Forderung nach »absoluter Anzeigepflicht« bei Kindesmissbrauch für SozialarbeiterInnen und andere Helfer. Eine Gruppe von Kärntner PsychotherapeutInnen und PsychologInnen, die im Krankenhaus, in Beratungsstellen und an der Universität Klagenfurt arbeiteten, sah sich genötigt, Ende September 1998 folgende Erklärung »gegen den Missbrauch des Missbrauchs« abzugeben:

»Als PsychotherapeutInnen und PsychologInnen, die in ihrer Berufsausübung mit Opfern von sexuellem Missbrauch befasst sind, wenden wir uns gegen die aktuelle Form der Missbrauchsthematisierung durch die FPÖ. Inzest mit Kindern und sexueller Missbrauch sind unter allen Umständen ein schwerwiegender Anschlag auf die elementaren Entwicklungsbedingungen und die Integrität eines Menschen, und es muss alles getan werden, um solche Übergriffe rasch und wirksam zu unterbinden. Die FPÖ verknüpft aus unserer

Sicht jedoch die verständliche Empörung über den sexuellen Missbrauch in willkürlicher und unfairer Weise mit der Hetze gegen einen missliebigen Künstler und politische Gegner. Dabei schreckt sie in einem Beiblatt zur Unterschriftensammlung vor den Mitteln der sexuell aufreizenden Collage nicht zurück. Bei einer Plakataktion gegen Missbrauch, die mit einer Unterschriftensammlung verbunden war, wurde das Foto eines Mädchens verwendet, das man zuvor als verführerische Lolita ausstaffiert hatte. So werden männliche Betrachter unterschwellig stimuliert, damit sie sich dann bei der Unterschrift wieder moralisch und sauber fühlen können. Was wird das abgebildete Mädchen in einigen Jahren zu der Plakataktion sagen? Diese Form der Missbrauchsthematisierung fördert die Heuchelei. Der Stil der Missbrauchskampagne der FPÖ ist für die Praktiker in der Kinderschutzarbeit nicht hilfreich. Die geforderte ›absolute Anzeigepflicht‹ (über die bereits vorhandene Regelung hinaus) beispielsweise ist eine kontraproduktive Leerformel. Sie verbreitet Zusatzstress und Angst dort, wo eine verantwortungsvolle Diagnostik und das Abwägen des geeigneten Zeitpunkts für strafrechtliche, sozialarbeiterische und therapeutische Interventionen angebracht sind. Überstürzte Maßnahmen können Kinder gefährden. Das fachliche Ringen um die richtige Entscheidung wird durch die Herstellung eines politischen Verfolgungsklimas bis in die psychosozialen Einrichtungen des Landes hinein torpediert und behindert. Aus den genannten Gründen fordern wir die FPÖ auf, ihre Missbrauchskampagne in der derzeitigen Form umgehend einzustellen.«

Unterzeichnet war diese Erklärung von über zwanzig erfahrenen PsychotherapeutInnen und PsychologInnen. Über den Aufruf wurde in der Kärntner »Kleinen Zeitung« berichtet. Natürlich zeigte sich in der FPÖ niemand beeindruckt. Haider und seine Leute waren die neuen Kinderschutzexperten. Einige PsychotherapeutInnen, die die Erklärung zunächst begeistert unterschreiben wollten, machten den Fehler, ihre Dienstgeber, die der FPÖ nahe standen, von ihrer Absicht zu informieren, und wurden so massiv unter Druck gesetzt, dass sie die Unterschrift wieder zurückzogen.

Parallel zu den Anti-Missbrauchs-Aufrufen zeigte sich Haider dem Wahlvolk immer mehr als Kinderfreund. Auf einem großen Plakat hält er zwei glückliche Kinder im Arm, und darunter ist der Ausruf eines dieser Kinder »Mein Bruder, der Jörg und ich!« zu lesen. Wo es so viele böse Verführer und Verharmloser gibt, muss es doch wenigstens einen guten Onkel geben. Einer der vielen Haider-Beiträge zur Spaltung der Welt in die Nur-Bösen und die Nur-Guten. Andere Plakate zeigten Haider wie einen Ober-Familienvater mit einer Frau und einem Kind verbunden mit dem Slogan: »Einer der unsere Kinder schützt«. Das Mädchen auf dem Arm der Mutter schaut allerdings etwas ängstlich. (Abb. 27)

Nach den Kärntner Wahlen, bei denen die FPÖ u. a. durch das Kinderscheck-Versprechen punktete, warb die Partei mit der fotografierten Rückseite nackter Babys und dem Spruch: »Danke Jörg!« (Abb. 28) Erst zu diesem Zeitpunkt kam es zu einer politischen Diskussion über den Missbrauch von Kindern für die Parteiwerbung. SPÖ-Politikerinnen äußerten sich kritisch. Nach meinem Empfinden hätten wirklich nur einige sehr Perverse im Kärntner Publikum durch die Baby-Popos stimuliert werden können (das Lolita-Plakat vom Sommer 1998 war viel schlimmer gewesen). Aber unter der vorher von der FPÖ selbst verbreiteten Voraussetzung, dass die Kinderschänder und »Babyficker« überall lauern, hätte man das Plakat durchaus als fahrlässig einschätzen müssen. Es verschwand dann auch über Nacht von den Plakatwänden.

Für die Kärntner Landtagswahlen im Frühjahr 1999 und die Nationalratswahlen Anfang Oktober 1999 wurde Haider erneut als »Einer, der unsere Kinder schützt« aufgebaut. Für die Gegner stand das Eck der Kinderfeinde und Kinderschänder-Sympathisanten bereit. Noch einmal aus dem Wie-

Abb. 27

ner Wahlkampf: »Wir von der FPÖ lassen die Wiener und ihre Kinder auch weiterhin nicht im Stich (...) In Österreich ist es möglich, dass ein einfacher Diebstahl härter bestraft wird, als der sexuelle Missbrauch unserer Kinder. Dafür sind SPÖ und ÖVP verantwortlich. Die FPÖ schützt unsere Kinder. Wer sich an ihnen vergeht, hat mit lebenslanger Haft zu rechnen. Kindesmissbrauch ist ein schweres Verbrechen. Dafür darf es keine Entschuldigung geben.«

Im »Kinderschutzpaket« der FPÖ vom Herbst 1999 heißt es: »Fast täglich werden neue erschütternde Fälle und fürchterliche Gewalttaten bekannt und trotzdem verharmlost diese Bundesregierung und setzt keine wirksamen Maßnahmen zum Schutz unserer Kinder.« Haider hatte gewissermaßen ein großes Tintenfass mit der Aufschrift »Kinderschänder« oder »Kinderschänder-Dulder« aufgestellt, in das er missliebige Künstler, Politiker und Kritiker hineinzustecken droht. Die Folgen können ruinös sein. Im Februar 2000 erwischte es die belgische Regierung, die Haiders Rechtsextremismus beim Namen genannt hatte. Bloß hatte die Sache den Schönheitsfehler, dass Haider nicht mitbekommen hatte, dass in Brüssel die Regierung, die möglicherweise in den Kindermord- und Porno-Skandal um das Ehepaar Dutroux verwickelt war, längst abgewählt und durch eine neue ersetzt worden war. Die Verfolgungsimpulse, die man mobilisiert, drohen manchmal auch die eigene Realitätsprüfung außer Kraft zu setzen.

Die Kampagne der FPÖ wäre vielleicht noch zu ertragen, wenn sie nur realitätsfern wäre. Sie bedroht aber einzelne Menschen und schadet darüber hinaus der Praxis eines effektiven Kinderschutzes. Wollte man den Kindern wirklich helfen, so müsste man zuallererst die Arbeitsbedingungen der SozialarbeiterInnen in den Jugendämtern verbessern, die das wichtigste Frühwarnsystem für Missbrauchsfälle verkörpern, die aber viel zu hohe Klientenzahlen haben und für die monatelang keine Schwangerschaftsvertretungen bereitgestellt werden, sodass eine Sozialarbeiterin oft die Arbeit von zweien machen muss. Diese Sozialarbeiterinnen sind zumeist gut ausgebildet und motiviert (sie würden wirklich den Titel »Die unsere Kinder schützen« verdienen). Oder Haider hätte das einzige Kärntner Kinderschutzzentrum, das personell völlig unterbesetzt ist, sofort nach dem Amtsantritt als Landeshauptmann finanziell absichern können. Stattdessen wurde der Kinderschutz unter dem Vorsitz von Haider und seines Jugendreferenten Reichhold ein zweites Mal erfunden. In öffentlichen Erklärungen wurde behauptet,

Abb. 28

dass nach den Strafrechtsreform-Plänen der SPÖ/ÖVP-Regierung, beim »außergerichtlichen Tatausgleich« sich in Zukunft auch die Missbrauchstäter einfach würden »freikaufen« können. Und es wurde behauptet, die in Kärnten bereits vorhandenen Kinderschutzeinrichtungen hätten untereinander nicht kommuniziert und würden jetzt die starke Hand des Landeshauptmanns und seinen »Kinderschutzgipfel« benötigen.

Der Pressesprecher des zuständigen »Vereins für Bewährungshilfe« stellte dem gegenüber fest: »Bei der Durchführung des außergerichtlichen Tatausgleichs, besonders im sozialen Nahbereich, steht die Wahrung der Interessen des Opfers an erster Stelle (...) Ein außergerichtlicher Tatausgleich ist in Fällen des Kindesmissbrauchs von unserer Seite, aber auch seitens der Staatsanwaltschaft nicht vorstellbar.« (Kleine Zeitung, 15. 12. 1999) Und die Kärntner Kinder- und Jugendanwältin antwortete auf den Vorwurf der mangelnden Koordinierung des Kinderschutzes wie folgt:

»Es gibt sehr wohl ein gut ausgebautes Netzwerk zum Schutz der Kinder, und es kann grundsätzlich davon ausgegangen werden, dass diese Institutionen voneinander wissen.« (Ebenda) Die von Haider in Kärnten als große Neuerung eingeführte 24-Stunden-Kinderschutz-Hotline, die laut »FPÖ-Kinderschutzpaket« endlich eine »psychologische Rund-um-die-Uhr-Betreuung für Opfer und deren Angehörige« verspricht, bestand im Februar 2000 darin, dass ein offensichtlich gestresster Psychologe die AnruferInnen auf die Adressen der schon länger vorhandenen etwa dreißig in Frage kommenden Einrichtungen verwies. Und wenn man Pech hat, sitzt dieser Psychologe im Auto und hat die wichtigen Telefonnummern gerade nicht zur Hand.

Die »absolute Anzeigepflicht« wurde im »Kinderschutzpaket« der FPÖ für Kärnten konkretisiert als »schriftliche Aufforderung an alle Bezirkshauptleute, bei allen unterstellten Dienststellen darauf zu achten, dass Informationen über Kindesmissbrauch und Kindesmisshandlungen gewissenhaft geprüft und verfolgt werden«. Das ist eine Verdoppelung der schon bestehenden Gesetze, bloß dass diese (gemäß § 84, Absatz 2 der StPO) sinnvollerweise vorsehen, dass die Anzeigepflicht nicht besteht, »wenn die Anzeige eine amtliche Tätigkeit beeinträchtigen würde, deren Wirksamkeit eines persönlichen Vertrauensverhältnisses bedarf«. Ohne die derzeit noch gesetzlich gesicherte Möglichkeit der Helfer, das Vertrauensverhältnis zu den Opfern zu wahren und in Absprache mit Kollegen und Vorgesetzten selbst über den Zeitpunkt der Anzeige zu entscheiden, wäre eine »absolute Anzeigepflicht« ungefähr so notwendig und sinnvoll wie eine von oben verkündete »absolute Operationspflicht« für Chirurgen. In hektischer Stimmung und mit Strafangst im Genick wird der Eingriff nicht sicherer.

Die vorliegende Schrift kann nicht auf Spezialprobleme der Versorgung von Gewaltopfern eingehen. Es bleibt aber die politisch-psychologische Frage, warum die fahrlässige

Behandlung des Themas Kindesmissbrauch oder »Kinderschänder« für die Haider FPÖ so interessant ist.

Ich denke, dass dies auf einer allgemeinen Ebene auch damit zu tun hat, dass sich in unserer Gesellschaft sehr viele Menschen, auch Erwachsene, in ihren Liebeswünschen und ihrer Gutgläubigkeit durch Autoritäten missbraucht und ausgebeutet fühlen. Das gilt für viele Arbeitsbeziehungen, in denen die Chefs zu allem anderen auch noch über die »Erotik der Macht« verfügen. Und das gilt noch mehr für die permanenten sexuellen Verführungen und Versprechungen, die von der Kulturindustrie, den TV-Satelliten-Programmen, mehr oder weniger pornografischen Werbebotschaften usw. ausgehen. Letzten Endes gehen wir dabei leer aus und zahlen noch drauf. Viele Menschen fühlen sich wie dumme und verführte Kinder, welche die Autorität nicht stürzen können. Beim Kindesmissbrauch ist der böse und verführerische Anteil der Autorität ganz offensichtlich, und wenigstens in der Aufregung darüber können wir an der ersehnten Bestrafung der »geheimen Verführer« (Vance Packard) und der Repräsentanten von veruntreuter Autorität teilnehmen. Leider kommt hinzu, dass in der detailgenauen Berichterstattung über Missbrauch – kaum verhüllt von den Bestrafungsfantasien – auch der Voyeurismus des Publikums befriedigt wird. Das Inzesttabu wird gleichzeitig zu Recht als eine letzte Bastion der Moral in einer kommerzialisierten und sexualisierten Kultur verteidigt, in der alle Schamgrenzen eingerissen werden.

Im speziellen Fall der FPÖ-Anhänger gesellt sich zu dem allgemeinen Verführungsgefühl der ausgebeuteten Konsumenten wahrscheinlich noch ein weiteres Gefühl hinzu: Ihr Führer hat bei den Fans eine Mischung von erotischem Interesse und kindlichen Abhängigkeitswünschen hervorgerufen und benutzt. Es handelt sich nicht um einen sexuellen, wohl aber um einen emotionalen Missbrauch von Bindungsbereitschaft und Liebeswünschen. Die missbrauchten Kinder sind die ins Extrem gesteigerten Schattenfiguren der politisch Verführten, welche ihre manchmal aufsteigende Empörung über die eigene Verführtheit in der Daueraufregung über die Kinderschänder loswerden sollen. Die Fans sind wie die Kinder im Märchen »Der Rattenfänger von Hameln«, wo der Rattenfänger bekanntlich die korrupten Stadtväter von Hameln dadurch bestraft, dass er die Kinder der Stadt mit der Zaubermelodie seiner Flöte an sich bindet und in eine ungewisse Zukunft führt. Für einen kritisierten Rattenfänger ist es sehr praktisch, auf überall lauernde »Kinderschänder« zeigen zu können. Die von ihm praktizierte Verführung erscheint im Vergleich zu den Kinderschändern harmlos oder tritt gar nicht erst ins Bewusstsein.

8. Doch ein Gewissen?

Die Saubermann- und Anti-Kinderschänder-Kampagnen sind als Ausdruck einer konsistenten Moral nicht besonders glaubhaft, sondern haben eher die Züge eines medialen Spektakels und einer Ablenkung. Haider repräsentiert einen Lebensstil, der relativ frei von Schuldgefühlen ist. Das passt gut zu einem Publikum, das einerseits einen weiten Bogen um die schuldhafte Verstrickung in den Nationalsozialismus machen möchte und sich andererseits dem selbstverliebten Hedonismus der neuen »Erlebnisgesellschaft« in die Arme wirft. In der Erlebnisgesellschaft ist der wichtigste Maßstab für gelungenes Leben und für das Selbstwertgefühl, ob die Erlebniseinheit, das Freizeit-Event, für das wir uns (zumeist durch Kauf) entschieden haben: das Auto, die Reise, die Sportveranstaltung oder Bergbesteigung, wirklich so »super« war, wie wir sie uns vorgestellt hatten. Die Maßstäbe der Moral sind für gelungenes Leben und das Selbstwertgefühl relativ unwichtig geworden. Besonders beruhigend ist es außerdem, zu den Starken und Gesunden zu gehören. Dieser leicht verwahrloste Lebensstil ist aber auch als eine Antwort auf Epochen und Subkulturen zu verstehen, die zu hohe, unrealistische Über-Ich-Anforderungen an die Durchschnittsbürger gestellt haben. In Österreich gibt es die Tradition eines autoritären, neurotischen Katholizismus. Die neue Gewissenlosigkeit kann – wie Freud schon in seinem Essay über »das Unbehagen in der Kultur« vorausgesehen hat – durchaus als Befreiung und »Ende der Heuchelei« empfunden und gefeiert werden. Das Leben wird dann einfach vitaler und witziger. Haider hat es als Protagonist dieser tendenziell Über-Ich-freien Erlebnisgesellschaft ziemlich weit gebracht. Wenn Menschenrechtsaktivisten »Gutmenschen« sind und »Political correctness« ausdrücklich bekämpft werden muss, wenn wir überall von »Tugendterror« und von auf Wiedergutmachung lauernden »Berufsjuden« (Peter Sichrovsky) umgeben sind, – dann bleibt uns eigentlich nur noch ein Leben, das offen und »ungeniert« auf den guten Ruf pfeift (wie es Haider in seiner Rede vor der Waffen-SS andeutet).

Aber auch dieses Programm kann den Menschen zu viel werden. Die Haider-FPÖ hat in den letzten Monaten bei der Gewissensentsorgung doch übertrieben. Der Wiener Wahlkampf mit seiner offenen Menschenverachtung und seinem Rassismus hat im In- und Ausland einen gewissen Schrecken hinterlassen. Und Haider selbst hat mittlerweile zu viele aggressive Aussagen dementieren müssen. Der Kärntner Bischof hat ihm zum Beispiel in der Kolig-Kampagne einen beträchtlichen Dämpfer verpasst. Bei einem regierenden Landesvater, wie es Haider in Kärnten seit Frühjahr 1999 ist, möchten auch die Anhänger nicht zu viele Rülpser hören. Es wurde wichtig, in bestimmten Grenzen doch wieder die Existenz einer glaubhaften Gewissensinstanz zu betonen. Etwa Anfang Dezember 1999 begann die FPÖ, uns eine bis dahin fast unbekannte Gestalt zu präsentieren. Haiders Bundesgeschäftsführer war ausgewechselt worden. Den alten, Gernot Rumpold, hatte Haider noch monatelang gehalten, obwohl er einem männlichen Rivalen in einer Bar an die Hoden gefasst hatte und wegen »tätlicher Beleidigung« rechtskräftig verurteilt worden war. Während der alte Geschäftsführer »Haiders Mann fürs Grobe« hieß, konnte nun die »Kleine Zeitung« (am 15. 12. 1999) ganzseitig ein Porträt über »Haiders Mann fürs Feine« bringen. Gerald Mikscha, so heißt es gleich in der Sub-Headline, »neuer FP-Bundesgeschäftsführer, gilt als gutes Gewissen des Parteichefs«. (Abb. 29) Warum? – Der 28-jährige Mikscha war nicht nur jahrelang Kärntner Tennismeister, Haiders bevorzugter Trainingspartner und persönlicher Referent, sondern er soll zu diesem Zeitpunkt Haider auch bereits mehrmals kritisiert haben.

MITTWOCH
15. DEZEMBER 1999 **MENSCHEN** www.kleinezeitung.at 5

Haiders „Mann fürs Feine“

Gerald Mikscha, neuer FP-Bundesgeschäftsführer, gilt als gutes Gewissen des Parteichefs

Abb. 29

»Denn still und zurückgezogen ist er nur in seinem öffentlichen Auftreten«, schreibt die Journalistin Antonia Gössinger. »Intern gehört er längst dem innersten FPÖ-Beratungsgremium an. Und dort deponiert er seine akzentuierte eigene Meinung, bringt die Dinge auf den Punkt und scheut sich vor allem nicht, Jörg Haider seine Meinung zu sagen, was sogar einem langgedienten Funktionär wie dem Kärntner FPÖ-Obmann und Landtagspräsidenten Jörg Freunschlag Bewunderung abringt. In innersten Parteizirkeln hat sich Mikscha den Ruf als das ›gute Gewissen Haiders‹ erworben. Nach außen wird er als das feine Gegenmodell zu seinem Vorgänger wahrgenommen.«

Wie ein junger Mann, der bereits im Alter von knapp 20 Jahren in Haiders persönliche Dienste trat, ein autonomes Gewissen verkörpern oder ein solches bei Haider stärken soll, bleibt unklar. Ein beigefügtes Foto zeigt, wie das Gewissen Mikscha beim Marathonlauf etwas hinter dem Chef herläuft. (Abb. 30) Das ist eigentlich eine gute Metapher für Haiders Umgang mit dem Gewissen, das er, wie jeder Mensch, natürlich hat. Aber es kommt meistens etwas später, zum Beispiel als Dementi, und es wird sich hüten, seinen Besitzer oder das Publikum mit einem aufdringlichen »Gutmenschentum« zu belästigen.

Aktueller Nachtrag: Gerald Mikscha will nach Haiders Rückzug von der Parteispitze seine Funktion als FP-Bundesgeschäftsführer niederlegen und sich in die Privatwirtschaft zurückziehen, ist aber noch als Haider-Begleiter unterwegs.

Neun Jahre stets an der Seite des „Chefs“: Gerald Mikscha ist Haiders bevorzugter Trainingspartner. Ob Marathon oder Tennisplatz: „Gerry“ dosiert die Überlegenheit gegenüber seinem Chef

EGGENBERGER

Abb. 30

Die Journalistin Antonia Gössinger hat wirklich alles versucht, Haider für das In- und Ausland akzeptabel zu machen. Im Februar 2000 ist aber auch ihr einmal der Kragen geplatzt. In einem viel zitierten »offenen Brief an Jörg Haider« kritisierte sie den gerade aus Kanada zurückgekehrten Titelhelden, der die Loyalität der Kärntner überstrapaziert hatte.

»Weil wir es quasi als kärntnerische ›Familienangelegenheit‹ betrachten, haben wir unser Unbehagen über viele Ihrer und Ihrer Umgebung Aussagen und Aktionen für uns behalten, wie das einschüchternde und zensorhafte Auftreten mancher Ihrer Mitarbeiter oder Ihre Drohung, die Presseförderung von der genehmen Berichterstattung abhängig zu machen. (...) Wir haben den internationalen Journalisten ein untadeliges Bild von Kärnten unter Landeshauptmann Jörg Haider gezeichnet. (...) Weil Sie bedingt durch Europawahlkampf, Nationalratswahl, persönliche Imagetour, New-

York-Marathon, Regierungsverhandlungen in Wien und Kanada-Ausflügen selten im Lande waren, haben Sie trotz einjähriger Regentschaft nicht die Zeit gefunden, selbst besondere Akzente zu setzen. nTV-Moderator Erich Böhme, der Sie ›entzaubern‹ wollte, hätten wir einfach raten können: Schauen Sie sich Kärnten an, da ist Jörg Haider schon entzaubert. Ein wenig Mysterium schmeichelt uns allen. Deshalb haben wir über Ihre Entzauberung im politischen Arbeitsalltag geschwiegen.«

Etwas unverständlich nach der großen Enttäuschung ist dann Frau Gössingers Aufforderung an Haider, endlich in Kärnten Verantwortung zu übernehmen. Der Brief endet aber mit den Sätzen: »Wenn Sie Weltreisender dem eigenen Ego zuliebe bleiben wollen, bleiben Sie es. Aber bleiben Sie dann bitte nicht Kärntner Landeshauptmann!« (Kleine Zeitung, 20. 2. 2000)

9. Wann hat der Spuk ein Ende?

Es mehren sich die Zeichen, dass der Haider-Fan-Club langsam abbröckelt und dass auch einige der bisherigen Haider-Dulder die Dinge langsam klarer sehen. Das Scheinwerfer-Licht, das von allen Seiten auf unsere Alpenrepublik gerichtet ist, führt dazu, dass man sich die Augen reibt.

Die vor kurzem noch oder immer noch schwärmerisch Verliebten und Verführten reagieren zunächst einmal tief gekränkt auf die Mitteilung, dass sie jemandem nachgelaufen sind, der nach den Standards aller zivilisierten Nationen als Menschenverächter gilt. Sie brauchen eine Schamfrist, um das zu akzeptieren. Einladungen zum Nachdenken, Geduld und humoristische Spiegelung verbunden mit einer konsequenten Verurteilung des Untragbaren helfen vielleicht mehr als moralisierende Breitseiten gegen alle Haider-Anhänger, welche die Kränkung nur noch schmerzhafter machen. Wenn die Wut auf sich selbst zu groß ist, kann sie nur noch in verzweifelte Attacken nach außen umgeleitet werden.

Aber neben den Verführten haben es auch die bisherigen Dulder und Bagatellisierer nicht leicht. Auch sie sind gekränkt und haben ein Schamproblem, vielleicht auch Schuldgefühle, weil der Spiegel der Auslandskritik ihnen signalisiert, dass sie in den letzten Jahren nicht gerade mit einem Übermaß an Zivilcourage ausgestattet waren. In dieser Situation liegt es nahe, sich vor allem über die pauschalen Sanktionen des Auslandes aufzuregen. Sollen die sich doch schämen, weil sie auch keine reine Weste und auch rassistischen Dreck am Stecken haben. Das mit der unreinen Weste stimmt. Aber sollte man eine Anzeige gegen einen massiven Betrüger oder wiederholten Verkehrssünder nur deswegen zurücknehmen oder liegenlassen, weil die Anzeigenden oder Geschädigten selbst schon einmal einen Betrug oder eine

Verkehrssünde begangen haben? Eine gewisse Heuchelei ist in modernen Rechtsstaaten und »Wertegemeinschaften« normal; und es kann eine demonstrative Klarstellung dessen, was verboten ist, rückwirkend auch die Heuchler in Schranken weisen oder sogar zum Nachdenken bringen. Anders stellt sich die Konsistenz der Normen nicht her.

Die Scham- und Schuldgefühle, welche den Lernprozess erschweren, sind eine Sache. Eine andere ist die sich ausbreitende Realangst, verbunden mit der Frage, wie mächtig der attackierte Haider samt seiner Leibgarde vielleicht noch werden kann. Wird er diejenigen, die sich der Auslandskritik zu offen anschließen, später bestrafen? Er hat ja schon einmal das Wunder fertiggebracht, nach dem Eigentor und dem Rücktritt als Kärntner Landeshauptmann im Jahr 1991 noch besser trainiert, noch gefährlicher zurück in den Ring zu steigen. Also die Kritik, so plausibel sie im Moment auch ist, doch wieder bremsen? – Man sollte sich über niemanden lustig machen, der sich Sorgen um seinen Arbeitsplatz und die Kreditrückzahlungen für sein Eigenheim macht. Viele Journalisten, Beamte und Funktionäre von Parteien und Organisationen schauen jetzt ratlos hin und her, sind im Konflikt zwischen Mund-Aufmachen und lebenskluger Anpassung. Beginnt bald das blaue oder blau-schwarze Umgruppieren in den Verwaltungen und im ORF? In Kärnten, wo Haider die Macht hat, wurden missliebige Beamte schon versetzt und kulturellen Einrichtungen Subventions-Kürzungen angedroht. – Wird sich die FPÖ »zähmen lassen«, wie es die ÖVP immer wieder beschwört? Oder wird hierbei die Regierung zu einer Resozialisierungs-Station für notorische Rückfallstäter? – Kann aus den Demonstrationen der Hunderttausenden eine neue politische Kultur entstehen oder folgt auf das große Aufleuchten des Widerstandes ein klägliches Verglühen? – Wieweit lassen sich die parlamentarische Opposition und die Medien in den dekretierten »Schulterschluss« einbinden, der auch das Tabu beinhaltet, die skandalösen Aussagen und Aktionen der Haider-FPÖ nicht beim Namen zu nennen?

Wie es in Österreich und Europa um die Figur Haider herum weitergeht, ist schwer vorauszusagen. Auch wenn dieser Spuk bald vorbei sein sollte, kann es jederzeit erneut spuken, solange die Wünsche und Ängste, die auf die Figur Haider projiziert wurden, weiterhin namenlos und unerlöst umhergeistern. Es geht auch darum, die Fixierung auf eine Person wieder zu überwinden, um humane und gangbare Antworten auf die gesellschaftlichen Risiken und Missstände zu finden, auf welche die Haider-FPÖ mit ihren verführerischen und kurzschlüssigen Teilinszenierungen geantwortet hat. Ernst Bloch hatte bereits 1934 darauf hingewiesen, dass der Nationalsozialismus nur erfolgreich sein konnte, weil er uneingelöste Versprechen und alte Sehnsüchte der Menschen in Bezug auf eine bessere Gesellschaft aufgegriffen hatte, welche von der rationalen Analyse und Kritik, vom »linken Aufkläricht« nicht hatten gebunden werden können. Beim Nachdenken über humane Lebensentwürfe in den »Zeiten der Globalisierung« können wir uns wiederum ganz grob an den Spielfeldern auf unserem Haider-Tableau orientieren:

Dort, wo der sadistische Robin Hood fruchtbaren Boden vorfindet, sollte es darum gehen, einen nicht-sadistischen und umfassenden Mut zur sozialen Rebellion und zum Widerstand gegen Unterdrückung und Demütigung zurückzugewinnen, statt den Mut an Einzeldarsteller zu delegieren. Unterdrückung und Demütigung werden durch Bürokratie, Politik und ungezügelte Herrschaft des Kapitals hergestellt. In der nächsten Zeit wird sich der blau-schwarze Proporz dazwischenschieben. Die »Frechheit von unten« und das Mund-Aufmachen ganzer Gruppen könnten wieder Teil einer emanzipatorischen sozialen Bewegung werden. Wenn der massenhafte Widerstand gegen Rassismus und Diskriminierung und die Zivilcourage, die wir im Februar und

März des Jahres 2000 auf den Straßen Wiens gesehen haben, nicht als Strohfeuer verpuffen, sondern gepaart mit Hartnäckigkeit und Geduld in die Alltags- und Organisationskultur der nächsten Jahre einwandern, wird Politik wieder interessant.

Dort, wo bislang dem sportlich-attraktiven Neo-Macho die Aufmerksamkeit geschenkt wurde, geht es um die Entwicklung einer mutigen Geschlechter- und Körperpolitik. Der Kampf um die Gleichberechtigung von Frauen und Männern muss trotz der unterschwelligen Attraktivität der Regressionsangebote, der schönen Klischees vom Kämpfermann und der Familienfrau, in allen Schichten weitergehen. (»In allen Schichten«, weil auf der FunktionärInnen-Bühne ja sogar die FPÖ Zugeständnisse macht.) Der Umgang mit dem Körper und seinen Bewegungsbedürfnissen wird in der (post-)modernen Bildschirm- und Freizeitgesellschaft in der Tat revolutioniert, und sportliche Aktivitäten könnten für fast alle gesellschaftlichen Gruppen Teil eines lustvolleren Tagesrhythmus werden. Aber eine Ästhetisierung der Kraft und Überlegenheit, verbunden mit einer bewussten oder unbewussten Verachtung des Schwachen, Weichen, Hinfälligen um uns und in uns (nach dem Motto »Nur in einem gesunden Körper wohnt ein gesunder Geist«) führt ziemlich sicher ins Unglück. »Body fascism« — so hat es kürzlich ein englischer Kollege benannt. In einer Gesellschaft, in der die Identität von Menschen beständig verunsichert wird, drohen sie sich tendenziell aggressiv und fetischistisch am eigenen Körper als scheinbar einzig sicherem Besitz und Identitätsbasis festzuklammern. Auch das sexuelle Elend (das heterosexuelle und das homosexuelle) muss in unserer Gesellschaft trotz aller kommerziellen Liberalisierung noch ein beträchtliches Ausmaß haben, wenn erotische Führer so viel Liebe auf sich ziehen und missbrauchen können, wie wir es im Falle der Haider-FPÖ gesehen haben. Die Befreiung hat auch hier noch längst nicht stattgefunden.

In der Berufswelt, um zum nächsten Feld zu wechseln, warten immer noch viele auf die Erfahrung unentfremdeter, solidarischer und gerecht entlohnter Arbeit. Statt eines Kumpeldarstellers, der so tut, als wären die wichtigsten Ausbeuter die Arbeiterkammerfunktionäre mit ihren Pensionsprivilegien, werden dringender denn je starke und demokratische Arbeitnehmer-Vertretungen gebraucht. Ohne sie droht die Gesellschaft auseinanderzufallen: in einen Teil, der sich unter dem ebenso glänzenden wie trügerischen Etikett der »Fleißigen und Anständigen« verausgabt und einen anderen Teil, der müde und arbeitsunwillig erscheint, angeblich nur an Frühpension und Krankenstand interessiert ist. Wenn noch die Benachteiligung und Verdächtigung ausländischer Arbeitnehmer hinzutritt, würde die Schwächung der Gewerkschaften und Betriebsräte (wie sie in Österreich u. a. auch dem Großindustriellen Stronach vorschwebt) sehr bald zu einem innerbetrieblichen und gesellschaftlichen Mobbing gegenüber all jenen führen, die unsere »Leistungsschwäche« verkörpern.

Als Nächstes gibt es wichtige unerledigte Aufgaben im vierten Feld, im Bereich der Nazi-Vergangenheit Österreichs. Die kritische Neugier in Bezug auf die Verstrickung der eigenen Familie, der eigenen Gemeinde oder der eigenen politischen Organisation ist leider immer noch eine ziemlich seltene Einstellung. Sie kann zwischen dem Gestus der Bagatellisierung einerseits und dem Gestus eines gnadenlosen Moralismus andrerseits leicht auf der Strecke bleiben. Die SPÖ hat erst kürzlich, in der Opposition und im Zusammenhang mit der Anklage gegen den »Euthanasie«-Psychiater Groß, ihre »braunen Flecken« entdeckt. Diese Debatte ist auch deswegen interessant, weil sie Hinweise darauf gibt, wie leicht wir uns in der Gegenwart, abgelenkt von unseren Karriere- und Ruhebedürfnissen, davor drücken können, für Verfolgte und Gefolterte Partei zu ergreifen. Diese Verfolgten und Gefolterten gibt es zuhauf vor den Mauern, aber auch sehr zahlreich inmitten unserer »Festung Europa«.

Schließlich ist die Spaltung der Welt in Licht- und Schattenwesen, in die Nur-Guten und die Nur-Bösen, die Respektablen und die Verachtungswürdigen, welche uns die Haider FPÖ darbietet, ein verführerischer Irrtum, den eine alternative politische Kultur vermeiden sollte. Die Mechanismen der Verführung, der Verfolgung und der Gewissensabwehr, die im vorliegenden Buch geschildert wurden, sind den meisten von uns ebenso vertraut, wie sie auch in anderen Ländern Europas vorkommen. Man kann selbstreflexiv sein und doch zugleich dort konsequent, wo die Würde anderer Menschen offensichtlich verletzt und gefährdet wird.

Literaturverzeichnis

Ackerman, Nathan W./Jahoda, Marie: Anti-Semitism and emotional disorder: A psychoanalytic interpretation. New York: Harper 1950.

Adorno, Theodor W. (gem. mit Max Horheimer): Vorurteil und Charakter. In: Adorno, Theordor W.: Gesammelte Schriften Band 9.2: Soziologische Schriften II, zweite Hälfte: Frankfurt a. M.: Suhrkamp 1975, S. 360–373.

Adorno, Theodor W. u. a.: Der autoritäre Charakter, Bd. 1 und 2. Amsterdam: DeMunter 1969.

Adorno, Theodor W. u. a.: Erziehung nach Auschwitz. In: Adorno, Theodor W.: Gesammelte Schriften Band 10.2: Kulturkritik und Gesellschaft II – Eingriffe – Stichworte. Frankfurt/Main: Suhrkamp 1977, S. 674–690.

Arlow, Jacob A.: Aggression und Vorurteile: Psychoanalytische Betrachtungen zur Ritualmordbeschuldigung gegen die Juden. Psyche, 46 (1992)12.

Beck, Ulrich: Die Risikogesellschaft. Frankfurt a. M.: Suhrkamp 1986.

Berghold, Joe/Ottomeyer, Klaus: Populismus und neuer Rechtsruck in Österreich im Vergleich mit Italien. In: Reinhard Sieder/Steinert, Heinz/Tálos, Emmerich (Hg.): Österreich 1945–1995. Gesellschaft – Politik – Kultur. Wien: Verlag für Gesellschaftskritik 1995, S. 314–330.

Bloch, Ernst: Erbschaft dieser Zeit (1934). Frankfurt a. M.: Suhrkamp 1976.

Bohleber, Werner: Nationalismus, Fremdenhass und Antisemitismus. Psychoanalytische Überlegungen. Psyche 46 (1992a) 8.

Brockhaus, Gudrun: Schauder und Idylle – Faschismus als Erlebnisangebot. München: Kunstmann 1997.

Connell, Robert W.: Der gemachte Mann. Konstruktion und Krise von Männlichkeiten. Opladen: Leske + Budrich 1999.

Czernin, Hubertus (Hg.): Wofür ich mich meinetwegen entschuldige. Haider beim Wort genommen. Wien: Czernin-Verlag 2000.

Elste, Alfred: Kärntens braune Elite. Klagenfurt/Celovec – Ljubljana – Wien: Hermagoras/Mohorjeva 1997.

Freud, Sigmund: Das Unbehagen in der Kultur (1930). In: S. Freud: Studienausgabe Bd. IX: S. Fischer 1969.

Freud, Sigmund: Massenpsychologie und Ich-Analyse (1921). In: S. Freud: Studienausgabe Bd. IX: S. Fischer 1969.

Fromm, Erich: Die Furcht vor der Freiheit. Frankfurt a. M.: EVA 1966.

Geiss, Immanuel: Geschichte des Rassismus. Frankfurt a. M.: Suhrkamp 1988.

Gilmore, David D.: Mythos Mann. München: dtv 1993.

Goldhagen, Daniel Jonah: Hitlers willige Vollstrecker – Ganz gewöhnliche Deutsche und der Holocaust. Berlin: Siedler 1996.

Goldmann, Harald/Krall, Hannes/Ottomeyer, Klaus: Jörg Haider und sein Publikum. Klagenfurt/Celovec: Drava 1992.

Haider, Jörg: Die Freiheit, die ich meine. Frankfurt a. M./Berlin 1994.

Hamann, Brigitte: Hitlers Wien. Lehrjahre eines Diktators. München: Piper 1997.

Heim, Robert: »Das Ich ist vor allem ein körperliches«. Jugendliche Gewalt und fragmentiertes Körper-Ich. In: Ludger von Gisteren /Hg.): Adoleszenz und Rechtsextremismus. Psychosozial 19 (1996) 64, 2, S. 43–66.

Heim, Robert: Fremdenhass und Reinheit – Die Aktualität einer Illusion. In: Psyche 46 (1992) 9, S. 210–279.

Heitmeyer, Wilhelm u. a.: Die Bielefelder Rechtsextremismusstudie. Weinheim u. München: Juventa 1992.

Hirtenfelder, Erwin/Steiner, Bertram Karl: Tatort Kolig-Saal 1929–1999, Klagenfurt: Carinthia 1999.

Hitler, Adolf: Mein Kampf. München: Franz Eher Nachf. 1933.

Holzer, Willibald I.: Rechtsextremismus – Konturen, Definitionsmerkmale und Erklärungsansätze. In: Dokumentationsarchiv des österreichischen Widerstandes (Hg.): Handbuch des österreichischen Rechtsextremismus. Wien: Deuticke 1993.

Hopf, Christel u. a.: Familie und Rechtsextremismus. Familiale Sozialisation und rechtsextreme Orientierungen junger Männer. Weinheim und München: Juventa 1995.

Januschek, Franz: J. Haider und der rechtspopulistische Diskurs in Österreich. In: Schlagwort Haider. Wien 1994, Falter Verlag.

Knight, Robert (Hg.): »Ich bin dafür, die Sache in die Länge zu ziehen«. Wortkontrolle der österreichischen Bundesregierung von 1945–52 über die Entschädigung der Juden. Frankfurt a. M.: Athenäum 1988.

Loewenstein, Rudolph M.: Psychoanalyse des Antisemitismus. Frankfurt a. M.: Suhrkamp 1967.

Loewenthal, Leo/Guterman, Norbert: Prophets of Deceit, New York 1949. Deutsch: Lügenpropheten: Eine Studie über die Techniken und Themen

des amerikanischen Agitators. In: Adorno, Th.W. u. a.: Der autoritäre Charakter, Bd. 1: Amsterdam: DeMunter 1969, S. 3–84.
Mann, Thomas: Mario und der Zauberer (1930). Frankfurt a. M.: Fischer TB 1997.
Menschik-Bendele, Jutta / Ottomeyer Klaus, u. a.: Sozialpsychologie des Rechtsextremismus. Entstehung und Veränderung eines Syndroms. Opladen: Leske + Budrich 1998.
Miller, Alice: Das Drama des begabten Kindes. Frankfurt a. M.: Suhrkamp 1978.
Mölzer, Andreas: Jörg – Der Eisbrecher. Klagenfurt 1989.
Modena, Emilio (Hg.): Das Faschismus-Syndrom – Zur Psychoanalyse der Neuen Rechten in Europa. Giessen: Psychosozial-Verlag 1998.
Mosse, George L.: Das Bild des Mannes. Frankfurt a. M.: Fischer 1997.
Ottomeyer, Klaus: Psychoanalytische Erklärungsansätze zum Rassismus – Möglichkeiten und Grenzen. In: Mecheril, Paul/Teo, Thomas (Hg.): Psychologie und Rassismus. Reinbek bei Hamburg: Rowohlt 1997, S. 111–131.
Pfahl-Traughber, Armin: Volkes Stimme. Rechtspopulismus in Europa. Bonn: Dietz 1994.
Reich, Wilhelm: Massenpsychologie des Faschismus. Kopenhagen/Prag/Zürich: Verlag für Sexualpolitik 1934.
Scharsach, Hans Henning: Haiders Kampf. Wien 1992.
Scharsach, Hans Henning: Haiders Clan. Wie Gewalt entsteht. Wien 1995.
Schöffmann, Ines: Neuere Aspekte der Haider-Inszenierung als faschistische Männerphantasie. Diplomarbeit, Klagenfurt 1993.
Siller, Gertrud: Rechtsextremismus bei Frauen – Zusammenhänge zwischen geschlechtsspezifischen Erfahrungen und politischen Orientierungen. Opladen: Leske + Budrich 1997.
Sleik, Susanna Tatjana / Mertlitsch Carmen: WählerInnen und SympathisantInnen einer Linie. Tiefenpsychologie und diskursive Analysen zum Phänomen Haiders. Interdisziplinäre Diplomarbeit. Klagenfurt 1999/2000.
Spangenberg, Norbert: Die Seelen der Toten drängen sich in Scharen wie ein Schwarm von Fliegen: Nationalsozialistische Massenbildungen im heutigen Deutschland. In: Modena, Emilio (Hg.): Das Faschismus-Syndrom. Giessen: Psychsozial-Verlag 1998.
Stone, William F./ Lederer, Gerda/Christie, Richard (Hg.): Strength and Weakness. The Authoritarian Personality Today. New York: Springer 1993.

Streeck-Fischer, Annette: Über »Mutanten-Mentalität« oder die verschiedenen Leben des ausländerfeindlichen jugendlichen Skinhead Bernd. In: Ludger van Gisteren (Hg.): Adoleszenz und Rechtsextremismus. In: psychosozial. 19 (1996) 64, 2, S. 67–76.

Theweleit, Klaus: Männerphantasien. (2. Bde.) Reinbek bei Hamburg. Rowohlt 1980.

Walzl, August: Die Juden in Kärnten und das Dritte Reich, Klagenfurt: Carinthia 1987.

Wieser, Michael: Szenisches Verstehen – Ein erster theoretischer Erkundungsversuch. In: Psychotherapieforum 2 (1994) 1, S. 6–19.

Wodak, Ruth u. a.: »Wir sind alle unschuldige Täter«. Diskurshistorische Studien zum Nachkriegsantisemitismus, Frankfurt a. M.: Suhrkamp 1990.

Zöchling, Christa: Haider – Licht und Schatten einer Karriere. Wien: Molden 1999.

Abbildungsverzeichnis

Abb. 1: Foto Eggenberger, Kleine Zeitung 2. 4. 2000

Abb. 2: »Action Press«, Bild am Sonntag 30. 1. 2000

Abb. 3: Werbebroschüre der FPÖ, Frühjahr 1999

Abb. 4: Leonard Föger, Bild am Sonntag 30. 1. 2000

Abb. 5: Werbematerial der FPÖ, Mitte der 90er Jahre

Abb. 6: Entnommen aus: G. L. Mosse, Das Bild des Mannes, Frankfurt a. M. 1997

Abb. 7: Inserat der Kärntner FPÖ, abgebildet in »Kleine Zeitung« 29. 6. 1999

Abb. 8: Quelle unbekannt

Abb. 9: FPÖ-Parteiprogramm 1998

Abb. 10: Aus: Klaus Theweleit, Männerphantasien Bd. 1, Reinbek 1980, S. 375 (Künstler unbekannt)

Abb. 11: Aus: Klaus Theweleit, a. a. O., S. 419

Abb. 12: AFP

Abb. 13: Werbematerial der FPÖ, Anfang 1999

Abb. 14: Foto Georges Merillon, Gamma. »Liberation« 30. 1. 2000

Abb. 15: Foto Barbara Medwed

Abb. 16: Werbematerial, Anzeige der FPÖ 1999

Abb. 17: Werbematerial der FPÖ 1999

Abb. 18: Aus »News« 6. 10. 1999

Abb. 19: Foto Daniel Bemberger

Abb. 20: Foto Viennareport, »Kleine Zeitung« 12. 2. 2000

Abb. 21: Werbematerial der FPÖ

Abb. 22: Foto Carmen Mertlitsch / Susanne Tatjana Sleik

Abb. 23: Foto Eggenberger

Abb. 24: Werbematerial der FPÖ, Wiener Wahlkampf 1999

Abb. 25: Foto Daniel Bemberger

Abb. 26: Anzeige der FPÖ Kärnten, September 1999

Abb. 27: Foto Daniel Bemberger

Abb. 28: Foto Jacob Guggenheimer

Abb. 29: »Kleine Zeitung« 15. 12. 1999

Abb. 30: Foto Eggenberger, »Kleine Zeitung« 15. 12. 1999

Zum Autor

Klaus Ottomeyer, geb. 1949 in Frankfurt am Main. Dr. rer. pol., Dipl. Psychologe, Psychotherapeut. Seit 1983 ordentlicher Professor für Sozialpsychologie an der Universität Klagenfurt. Derzeitige Schwerpunkte: Arbeit mit ausländischen und inländischen Opfern von Gewalt sowie Psychologie des Rechtsextremismus. Zahlreiche Buchpublikationen in Deutschland und Österreich, im Drava Verlag: »Jörg Haider und sein Publikum« (gemeinsam mit Harald Goldmann und Hannes Krall) 1992 (2. Aufl. 1995), und »Kriegstrauma, Identität und Vorurteil« (1997).